あなたの人生を劇的に変える

キャラクトロジー心理学入門

HITキャラクトロジー心理学協会 代表理事
山本美穂子
Mihoko Yamamoto

日本実業出版社

プロローグ 「生きづらい」「居心地が悪い」には原因がある

「私の人生ってどうしてこんなにうまくいかないのだろう?」

「どうして私っていつもこうなのだろう?」

そんなふうに悩まない方はいないのではないかと私は思っています。

それどころか毎日苦しくて、でもなぜこんなに苦しいのかもわからず、自分の生まれてきた意味に苦悩し、暗闇の中で生きているような気持ちの方もたくさんいらっしゃるのではないでしょうか。


私もかつてはそんな気持ちで日々を生きるひとりでした。

どんなに頑張ってもどんなにもがいても、目や耳に入ってくるのはダークな情報やつらく悲しいニュースばかり。私の目に見える世界は平和や幸福とはまるで縁遠く、争いや不幸に満ちていました。

それでも、「なんとしてでも自分を癒さなければ」と思った私は、海外に目を向けることにしました。それまでも自分を癒すためのたくさんの本を読んできましたが、心に響いたのはすべて海外のスピリチュアルリーダーの本ばかりだったからです。

そして、友人が貸してくれた20冊くらいの本の中に、元NASAの科学者で稀代のホリスティック・ヒーラーであるバーバラ・ブレナン女史の本がありました。これが私とブレナン女史との出会いです。

当時私にはまだ1歳の子どもがいて、専業主婦でしたのでお金もありませんでした。けれど、ブレナン女史のもとでブレナン式ヒーリングとヒーリング科学を学ぶことを決意しました。そこで出会ったのが人格構造学（キャラクトロロジー）の概念です。

キャラクトロロジーとは、欧米の心理学の根幹を成している、ユング、フロイトを源流とする正当な学問です。このキャラクトロロジーでの重要なテーマが心的外傷《トラウマ》です。

フロイトの弟子であるライヒはフロイトの研究を発展させ、幼いころの他者との関係における繊細な非言語コミュニケーションの中にこそ原初の傷（＝トラウマ）があり、それを癒すことが大事であると主張しました。

このライヒのトラウマに関する主張がキャラクトロロジーのベースに生かされており、そこから分派しながらキャラクトロロジーの概念が確立されていきました。また、キャラクトロロジーは欧米におけるさまざまなセラピーやカウンセリング手法へも分化しました

（実は日本にも1980年代くらいにこの概念が入ってきていたのですが根づくことはなく、日本の心理学はそこから統計学へと移行していったことをあとで知りました）。

キャラクトロジー心理学で、「本当の自分」が明らかになる

キャラクトロジーでは、どのようにして人格が形作られていくのかを、人間が世界を認識していく過程を辿《たど》り、解明していきます。

具体的には、お母さんのお腹の中にいた胎児の時代から出生時、それから5〜6歳くらいまでの人間として発達していく初期の段階において受けたトラウマがあなたを作り上げていることを、キャラクトロジーは明らかにしていきます。

つまり、あなたは外界からの刺激にどのように反応し、抵抗し、受け入れてきたか？あなたの心に葛藤《かっとう》を生み出す要因に対し、それぞれの年齢においてどのような防衛手段を使って生き延びてきたか？　それらのトラウマ的なできごとに対する向きあい方により、性格や思考、考え方のクセ、骨格、人生に現れてくるできごと、また病気、死に方、エネルギーの使い方などが違ってきます。そしてその違いをキャラクトロジーは明確に分類しているのです。

幼いころに両親から虐待を受け、成長してからも恋愛・仕事・結婚など、さまざまな局面で生きづらさ、居心地の悪さを感じていた私は、ブレナン女史から学んだこのキャラクトロロジーという学問をとても興味深く研究し始めました。

ヒーラーとして独立開業してからは、欧米人の生活スタイルと日本人の生活環境の違いから生まれる分類上の微妙な差異に注目。自分自身がカウンセリングしヒーリングしてきた2万人ほどのクライアントさんのカルテの情報をもとに、日本独自の視点を加えて細かく分析・抽出し、日本人向けのキャラクトロジーを作り上げていきました。

それが本書で紹介するキャラクトロジー®心理学です。これは「5つの人格《キャラクトロジー》に基づきあなたの深層心理を理解し、本当の自分を見つける」ことにより、人生を劇的に好転させる癒やしのメソッドです。

私が半生を通じて学び、編み出したキャラクトロジー心理学が、あなたのお役に立つことを心から祈っています。

2018年4月　山本美穂子

キャラクトロジー®は、HITキャラクトロジー®心理学協会の登録商標です。

あなたの人生を劇的に変える　キャラクトロジー心理学入門　◆目次◆

第2章 あなたも知らないあなたがわかるキャラクトロジー診断

第3章 キャラクトロジー別 心の傷《トラウマ》の癒し方

装丁　白畠かおり
本文ＤＴＰ　ダーツ
本文イラスト　こはにわ
写真　清水貴子（女性写真家チーム㈱）
執筆協力　西山友紀（ＨＩＴキャラクトロジー心理学協会　事務局）
編集協力　池ノ谷百合子（ＨＩＴキャラクトロジー心理学協会　事務局）
合同会社ＤｒｅａｍＭａｋｅｒ

第1章　キャラクトロジーとは何か？

——人間はみんな、「トラウマ」の影響を受ける

「生きづらい」のは、過去の記憶が現実に重なっているせい

たとえば学校や職場などで、なぜかみんなの中に入っていけないと感じたり、自分が嫌われているような気がしたり、どう話していいのかわからなくなったり……。居心地が悪く、どう振る舞っていいのかわからなくなるときは誰にでもあると思います。

そのとき心の中では、あなたの「外的自己」（普段、人とコミュニケーションしている自分）が、胎児期～5・6歳ごろまでの幼少期に体験した居心地の悪い記憶と結びついています。そしてその記憶を大人になったいま、現実として目の前に再創造しているのです。

私たちは行動するとき、必ず、過去の記憶と結びつけてものごとを判断しようとします。

たとえば赤いキノコを食べてお腹を壊した経験があると、赤いモノを食べることは危険

であると認識するでしょう。これは人間が生き延びるために必要な能力でもあります。

しかし、それは、過去の嫌な記憶＝自分の中の解決されていないできごとが現実に重なった場合、現実にその過去を持ち込んでしまうということでもあります。

つまり、目の前で起こっていることが過去のできごととは違うと認識できず、過去の記憶に基づいて行動しようとするので、現実の世界でうまくいかなくなるのです。

現実は違うにもかかわらず、過去の記憶に基づいて子どものときのまま振る舞っている人がいれば、職場や学校にいる周りの人はとても混乱してしまいますよね。

けれども、当人は真実だと信じ込んでいるのです。ですから、**居心地の悪さ、いづらさを解消するには、現実と自分が現実と誤認識している過去の齟齬に気づくことが大切**です。

しかし、よほど注意深く自分自身を振り返らなければ、現実と過去との誤認識を見分けることはできませんし、それを理解することもできません。また、記憶の中の肉体的な感覚や反応が強ければ強いほど、現実と過去を見分けることは難しくなります。

たとえば子どものときに溺れた記憶がある人は、水に対する苦手意識が強いものです。海やプールといった「泳ぐ場所」に行ったとき、「自分は泳げない」という過去の記憶から身体中の筋肉が緊張、あるいは弛緩してしまいます。そのため、リラックスしてのびのびと動くことができないので、また溺れるような体験を重ねてしまい、以前にも増して水が苦手になるという悪循環が起こります。

それほど大きなできごとでなくても、子どものときにすっぱいものを食べて涙が出る思いをした人は、その後「すっぱいものは見るのも嫌」という反応が出てしまったりします。

多くの人が過去の記憶に基づいて、現実を認識している

日常の振る舞いが遠い過去の体験に深く関わっていることを理解し、それをコントロールする術を持たない限り、私たちは過去の体験の奴隷として生きることになります。

「水に入るのが嫌」「すっぱいものが嫌」……それ自体は嫌なら嫌でいいのですが、「なぜ嫌なのか」を理解できれば、「自分はこういうことが嫌なのだな」と認識した上で、「いまなら違うかもしれない」という可能性に自分を開くことができます。そうすれば、これまでとはまったく違う人生がそこから始まるということもあり得るのです！

けれども私たちは、「なぜ嫌なのか」を理解することも嫌な気持ちの原因に興味を持つこともないので、このような無数の可能性を自ら潰してしまっています。

「考え方を変える」という表層的なアプローチは意味がない

前項を読んで、「つまり考え方を変えればいいという話？」と思いましたか？　確かに、引き寄せの法則などが有名ですが、世の中には自分の考え方（認識）やものの見方を変えて幸せになるメソッドがあふれています。

そのせいか、多くの人は体の反応がＮｏと言っているのに「ネガティブシンキングではなくポジティブシンキングにしないといけない」と自分に強制したり、または体は拒否感を醸《かも》し出しているにもかかわらず、「私は泳ぐことができる」と考え、チャレンジしたりします。でも、そうして違う方向に無理に行こうとすればするほど、肉体と思考の間のアンバランスさが、現実の状況をさらに複雑にしてしまいます。

それに、脳を騙して、本当は苦手なのに「自分は泳ぐことが好きだった」と認識を書き換えることができたとしても、私たちには細胞レベルでの記憶があり、それに従って骨格や姿勢や体型が形作られているので、根本的には変われません。

逆に、本当に人が変わっていくときには、体つきも、姿勢も、認識も自然に変わります。見た目の若さであるとか人に与える印象も含め、すべてが変わっていくのです。

自分を癒し、本当に変わるには、**脳の誤認識と細胞の記憶の両方を同時に変化させていく**必要があります。

いま、巷には「気づきが大切」「自己認識を変えることが人生を変える」といったようなさまざまなアプローチ方法があふれています。もちろん気づきはとても大切ですが、自己探求のない自己認識に意味はありません。**現実の不具合の元となっていた自分の中のエラーに気づき、それを変化させるために意識を向け、自己探求をしていくことが大事**です。

自己探求の先にある自己認識は、必ず自己変容につながってゆきます。

胎児～幼少期の心の傷（トラウマ）が歪んだ認識の原因

自分や現実に対する歪《ゆが》んだ認識を作り上げているものは、胎児期～5・6歳ごろまでの経験やトラウマです。なぜ、自分では覚えてもいないような過去がいまのあなたに大きな影響を及ぼすのかを、説明しましょう。

生まれてすぐに自分で自由に動くことのできない、人からのお世話が必要な存在は人間くらいだということをご存知ですか？　ほとんどの動物は生まれた瞬間から自分の足で立ち上がることができますが、私たち人間は、生まれた瞬間から他者の介助が必要です。

しかし、赤ちゃんは「何もできない」としても、「何も感じない」わけではありません。生まれたての赤ちゃんは確かに目も見えず耳も聞こえず、肉体も自由に動かせません。でも、だからこそ、感覚的にはより繊細で感受性が優れた存在です。

けれども赤ちゃんは、自分が感じた不快感を表現することができません。たとえ赤ちゃんが表現したつもりでも、新米ママがそれを理解することはほぼ不可能です。なぜ赤ちゃんが笑うのか、泣くのか、不満な声を漏らすのか、実際、親はまったく理解していませんしできません。そしてそのことが、赤ちゃんにとっては深い葛藤を生む原因になるのです。そして「親は自分の感情・訴えを理解してくれない」と感じた赤ちゃんは自分の感情を押し殺そうとします。その積み重ねが傷＝トラウマになります。


私たちが思っている以上に子どもは繊細で柔らかく敏感で、あらゆることに自分を開いているので、現実の誤認やそのせいで押し殺した感情は一つではなく、ほとんどの場合いくつも折り重なって心のひだに隠されています。

人の心のやわらかなひだは深く繊細に彩られていて、そこには愛から憎しみまで100万以上の感情が横たわっています。このことを知っておくこと＝つまり、その瞬間に自分が感じたのは愛か憎しみの2つだけではないということを知っていることは、今後も自分の傷を癒していくときの大切なツールとなります。

愛情表現がトラウマになる場合もある⁉

幼いころのトラウマの例を一つお話ししましょう。

先日、子どもを産んだ友人とその赤ちゃんに会ったのですが、お母さんは赤ちゃんに話しかけながら授乳していました。聞くと、いつもそうしているとのこと。育児書でもそんなふうにしなさいと書かれているものがありますよね。

赤ちゃんはおっぱいを吸いながらお母さんに向かってフーンフーンと声を出していました。それを見たお母さんは、「この子何か言っているわ」と赤ちゃんに話しかけ、赤ちゃんはまたフーンフーンと声を漏らしています。私はこのとき、赤ちゃんがおっぱいを吸いながらお母さんと話ができないことを不満に感じていると気づき、そう伝えました。

お母さんとしては赤ちゃんへの自然な愛情表現であっても、こんな些細なことが、赤ちゃんの中の「わかってもらえない」という傷につながってしまうのです。

大人になる、成長するということは、現実世界のどうにもならないことを受け入れていくことでもあります。成長する過程で、人は「なぜできないのか」を知り、できないという事実を理解し納得する必要があります。それができてはじめて、「(現実の世界では)ああ、そうなのか」という「受容」が起こってくるのです。

ところが「受容」まで行きつかない途中の段階で心の成長が止まってしまうと、その後何十年経ったとしても、同じできごとで同じ反応を続けてしまいます。

つまり、**赤ちゃん時代に「話しても伝わらない」という傷を受けたまま受容していなければ、大人になってからも「話しても伝わらない」状況を現実に作ってしまう**のです。さらに「話しても伝わらない」という絶望感が、「自分はダメだ」という自己否定につながっていくこともあります。

赤ちゃんがトラウマを作ってしまう原因は、授乳だけに限りません。

赤ちゃんがハイハイやよちよち歩きでまっすぐ前進していった先に壁や縁側があったりすると、周りにいる大人は間違いなく赤ちゃんを抱き上げ、進む方向を変えたりそのまま抱きしめるといった行動を取るでしょう。それはまったくの善意からなる行動です。

けれどもそのとき、赤ちゃんの受け止め方としては「自分の興味のある方向に進んでいったときに突然ふわりと浮遊感があり、その浮遊感とともに自分が何をしたかったのか、何に向かって進んで行ったのか、目的を見失ってしまう」ということになります。

そういう体験が何度も繰り返されると、**大人になってからも「こうしたいと思って動く**

途中で目的を見失い、何がしたかったのかわからなくなってしまう」ことを、繰り返してしまうのです。

傷＝トラウマが本当の自分を抑圧している

ごく幼いころ、繰り返し「なんだかよくわからないけど、思い通りにならなかった」という感覚が与えられるとそれがトラウマになり、自分自身の**エッセンス**（本質のよい部分）にあふれる本来の自己から遠く離れていくことを、キャラクトロジー心理学では**傷**と定義しています。

一般的に「トラウマ」というと、とんでもないことが起こって傷つく急性のトラウマを思い浮かべる方が多いかと思いますが、そのような急性のトラウマと、キャラクトロジーで「傷」と呼ぶところの、日常の中で起こる慢性的でゆっくりとした、それゆえにわかりにくいトラウマの2種類があるのです。

ゆえに、一度「ああ、こんな感情があったのだ」と気づいて流せばそのトラウマがすべて消えてなくなるわけではありません。その傷ができたときの感情をすべて感じ切り、その瞬間の誤認をすべて真実に変えていくという丁寧な作業が必要です。

一度自分の中のトラウマを見つめて癒したからもう自分は大丈夫、というような簡単で単純なものではないのです。**傷と向きあうには、長期的に、さまざまな角度から自分を癒し続けるという意識を持つことが大切**です。また、のちにくわしくお話ししますが、自分を癒すとき、決して自分ひとりで癒すことはできないことも知っておかなければなりません。心の傷はつねに他者との関係性の誤認から生まれるので、癒すときは他者との健康的な関係性の中で、真実に開いていくことが必要です。

先ほどの、友人とその赤ちゃんのエピソードの後日談です。
あるとき、いつものようにおっぱいを吸いながらフーンフーンと言ったあと、赤ちゃんはハッとした顔でおっぱいを口から離し、お母さんを見て、「ああ、そうだった！」という顔をしてにっこり笑ったそうです。赤ちゃんの中でお母さんとの関係性の「受容」が起こった瞬間です。

「トラウマ」なくして成長することはできない

では、トラウマは人間の成長にとって悪いものなのでしょうか？

思いがけず起こった現実のできごとをどう取り扱っていいのかわからなかった感覚は、「なんだかよくわからない」という混乱とともに、緊張した体、その筋肉の中に刻み込まれます。その瞬間に見えていた風景、家の中だったのか外だったのか、どんな人がいたのかあるいは誰もいなかったのか、いたのであれば男だったのか女だったのか、いい天気だったのか天気が悪かったのか、匂いや周りの雰囲気がどうだったのかといった、詳細で精緻な情報が脳に入るのと同時に体の細胞レベルに記憶されるのです。

そして、そのことを受容できるようになるまで、「なんだかよくわからない感覚」は、現実にそのできごとを繰り返し再創造し、私たちに傷を思い出させようとします。

それは、脳が何が誤認で何が真実かを理解し、体の感覚・細胞の感覚からそのできごとがリリースされるまで、再創造され続けるのです。

でも、そのトラウマは私たちの心の成長に大きな役割を果たしています。

子どものころの自分にとっては不都合な現実としか受け止められなかったできごとが、大人になって大きな視点から見たときに、「ああ、あれは愛による、愛からの行動だったのだ」と理解されることによって、私たちの意識はシフトアップするのです。

そして、より大きな真実へと自分を開き、より開かれた視点を手に入れ、より深く世界を知り、自分自身を成長させていくことができるようになるのです。言い換えれば、**成長するには自分のトラウマを理解し、超えていく必要がある**ということです。

自分のトラウマを正しく認識できれば人生は思い通りになる

問題は、目の前の現実を、過去のトラウマの視点＝子どもの視点から見ていることに気づいている人は、ほとんどいないということです。過去のトラウマと同じようなできごとが起こると、その瞬間、私たちは自動的に傷ついた子どもの視点で現実を見てしまいます。

そして「どうして私の人生にはこんなに同じことばかり起こるのだろう」「どうしてこん

なに生きづらいのだろう」「またこの居心地の悪さがあるのだけれど、これはなんだろう」「私はいつも同じ失敗をしてしまう」などなど、**何もかもダメダメでまったく自分に自信がない気がするという感覚に絡め取られてしまいます。**

その「自分に自信がない感覚」と「現実の自分自身」を同一化している限り、私たちの現実はつねに無力で傷つくしかなかった子どものころのままです。自分で人生を切り開くこともできず、自分の外側にいる誰かにいつも支配されていて、力もなく何事も思い通りにできないという感覚のまま人生を送ろうとするので、うまくいかないのです。

体と同じように心にも成長の段階がある

心を育てるために、まず私たちは成長の段階を明確に知る必要があります。

ここで思い出してほしいのは、私たちの誰もが、幼いときには自分の内側から外を見ていたということです。

胎児だったころや生まれて間もなくのころ、幼かった当初は、内面の心の動きを知覚している内側の自分から現実の世界＝外側を見ていて、目に映るもののひとつひとつをすごく不思議に感じたり、心地よく感じたりしていたはずです。

そのころの自分にとっては、世界にあるものすべてが不思議でした。なぜ窓の外の葉っぱが揺れるのか。なぜ空を飛んでいるもの（のちにそれが「鳥」であると知るのですが）がいるのか。なぜ目の前の一番愛している人がとても怒っていたり、悲しそうな顔をしたりしているのか。それらがなぜなのかまったくわからず、自分の内側が混乱するような感覚を覚えたでしょう。

私たちは赤ちゃんとして生まれます。赤ちゃんにできることは、外側の世界から差し出されたものを受け取ることだけです。次に、自分の内側で起こってきたことを相手に伝えようとする段階、自分の内側を表現し、外の世界との間に架け橋をかける段階があります。

そして、自分が内側から起こした言動や行動、表現したことを外の世界にいる相手や世界がどのように受け取り、どのように反応したかを知り、今度は自分の内側にどんな感覚やセンセーションが巻き起こったのかを知覚します。

つまり、自分が起こした行動の結果としての外の世界からの反応を受け取り、それをどう感じたかを「ああ、自分がやったことや言ったことはこういうことになるのだな」「こういう反応が返ってくるのだな」と認識をすることが、経験、体験となっていくのです。

そして、自分が経験、体験したことをさらに外界に向け表現して伝えることによって、内面の世界と外面の世界に交流をもたせていくことになります。

これは、内側の世界と外側の世界の交流をつねに起こしながら体験し学んでいくというプロセスであり、心の成長には絶対に必要なものです。

「大人になる」＝「自分の世界」を広げるということ

でも、私たちはなかなか、理想の「心の成長」を遂げていません。「子どもの意識」で世界を見ています。それがここまでも何度かお話しした生きづらさの原因になっています。

「体は大人になっているのになぜ子どもの意識のままでいるのか」「なぜ大人として成熟できないのか」不思議に思う人もいるかもしれませんね。

けれど、そもそも、「大人になる」とはなんなのか、成熟するとはどういうことなのか、わかっていますか？　実は、その概念が私たちには欠けているのです。

体が成長し、学校に行って勉強し、会社に入り、責任を果たしながら働くこと＝「大人になること」だという概念は、私たちを苦しく生きづらいところに追い込みます。

本来の意味での「大人になる」とは、視野を広く持てるようになることで「これさえしていればいい」という、檻の中に閉じ込められたような状態とはまったく異なります。

私たちは、大きくなるにつれて自分の世界を広げていきます。

最初はお母さんの腕の中だけだったのが家の中を自由に動けるようになり、そこから外の世界へ出て保育園や幼稚園の庭が自分の世界になります。そして小学校に上がり知らない友人たちと混在し、中学校、高校と上がっていくたびに新しい他者、世界に触れていき、これが世界だと知覚していきます。

その、学校で習い覚えた環境に適合していくやり方を、「これが私である」として、私たちは社会に出てもなお使い続けます（子ども時代における「学校」のような、自分を閉じこめる枠はないにもかかわらず！）。

けれども社会人になったいま、私たちは、「学校」という塀の向こう、檻の内側にだけ存在する限られた世界や、そこだけで通用する法律やルールから解放されたと気づいているはずです。そしてまた、学校という限定された世界の中では、そこに適合していくことが重視され、「心の成長」はまったく顧みられていなかったことにも気づけるでしょう。

それなのに、私たちは学校で習い覚えた、子ども時代のやり方で仕事をし、生活をし、愛しあおうとします。つまり、その齟齬＝「心は子どものまま未熟」なせいで、私たちは必然的に何か大切なことが欠けているような人生を送ることになるのです。

「いつも同じ失敗をする」のは負の「ディフェンス」が働くから

もう「学校」のように自分を閉じ込める檻からは解放された。それなのに「これが私」と自分で作ってしまう壁について説明しましょう。キャラクトロジーでは、これを「ディフェンス」（ディフェンスシステム）と呼んでいます。

人間は本来、人との関係性の中で己を知り、誤解に気がつき、癒していくことができる生き物です。それなのに現実では「私はこうだから」というレッテルを自分に貼り、「これが私なのだから仕方がない」という言い訳の中に閉じこもっています。その思考は、自分以外の他者との間に分離の壁を築いていきます。この分離の壁が**ディフェンス**です。

私たちはたったの5つに分類されるキャラクトロジーディフェンスをし、その複合型という「心のクセ」ができていくのです。ディフェンスによって毎日同じ思考パターン、行動パターン、生活パターンを続けていけばいくほど、その人の将来の姿や病気、人生に起こる（あるいは起こらない）イベントが定まっていきます。

・傷ゆえに同じような問題に焦点があたる
・トラウマが解消されるまでそのトラウマにまつわる問題が起き続ける
・現在の問題、悩みにリンクするトラウマと向きあうことが大切！

よくない「心のクセ」はトラウマが生み出す

では、あなたの「心のクセ」を作るディフェンスは、どのように作られていくのでしょうか？　ここでは、トリガー・トラウマ・ディフェンスというキャラクトロジー心理学を理解するために欠かせない3つの心の仕組みをお話ししましょう。

「トリガー」が「感情的反応」を起こす

トリガーとは「引き金」、**感情的反応**を引き起こすもののことです。

感情的反応は感情とはまったく違うものです。感情は、肉体的体感をともなう**フィーリング（Feeling）であり、感情的反応は、肉体的体感（Feeling）を抑え込もうとする反応、エモーショナルリアクション（Emotional Reaction）**です。

感情的反応には、一見素直な感情表現に見える「泣く」「怒る」「悲しむ」というエモーショナルな反応と、現実を否定したり捻じ曲げたりほかのものに転嫁しようとしたりする思考型感情的反応（Reason Emotional Reaction）があります。

感情的反応は、感情が動くときに同時に動き出します。そのため、ほとんどの人は感情ではなく、感情的反応を感じてしまい、自分の傷を癒す本当の感情には到達できません。その結果、また同じできごとを現実にも心情的にも再創造し続けてしまうのです。

本当の感情（Feeling）と感情的反応を見分けるのは難しいですが、本当の感情は、本来、瞬間的に消化できるものです。その感情を消化するのに1分もかかりません。たとえば愛する人を失った悲しみや自分のすべてを失わせた天災への怒りなど、大きく激しい感情であっても、最大でも5分で流れていきます。

ですから、もしも「つらい」「悲しい」「腹が立つ」などの感情が10分以上続くようであれば、それは感情的反応です。そして、覚えておくべきは、**感情的反応からの行動はすべてよくない心のクセ**であるということです。

トリガーにトラウマが隠されている

感情的反応を引き起こすトリガーには癒すべきトラウマが隠されています。トリガーが体に影響を及ぼす場合は「痛点」＝痛みや、なんらかの不具合として現れます。

誰にでもトリガーはあります。何かに対して動揺したり、強い怒りを感じたり、深く落ち込んだり、誰かにそばにいてもらわなければ自分で自分を保てないような不安な気持ちになったりと、思いがけない強い感情的反応が出るとき、それがトリガーです。

そんな状態になったときには、「いま、自分は何かにトリガーされたのだな」という視点を持ちましょう。日常生活を送る中で意外な激しい反応が自分の中から起こってきたとき、それがなんなのかわからなくても、子どものころのトラウマが刺激され、トリガーが引かれたのだという視点を持つことができれば、解決に向けて動くことが可能です。

トラウマとトリガーが支配するディフェンスシステム

私たちは、知っているものしか知覚できませんし、自分がよくよく知っているものに焦点を当ててしまいます。ゆえに、トラウマを思い起こさせる人や匂い、雰囲気など、トラウマに関係するすべてのものが私たちのトリガー（引き金）になります（①）。

トリガーが引かれると、感情的反応が起こります（②）。

感情的反応は、自分の本当の感情（フィーリング）を受け入れないために起こる反応でした。感情的反応には2つあります。自分の感覚を感じない、パニックになっている状態（エモーショナルな感情的反応）と、それがよかった悪かったと理屈をつけて、現実を歪めて正当化しようとしている状態（思考型感情的反応）です。

そして次に、ほぼ瞬間的に起こるのが**ジャッジメント**（判断。くわしくは追って説明します）です（③）。

つまり、「お前はこうするべきだ」「あなたはこうするべきだ」あるいは「自分は間違っていた」などと、現実に起こっていないことを勝手にジャッジメントします。このよくない心のクセを引き起こす一連の流れのことを、キャラクトロジー心理学ではディフェンス（ディフェンスシステム）と呼んでいます。

そして、ディフェンスの下には子ども時代のトラウマがあり（④）、いつもなんとなく思い出してしまう子ども時代の風景や情景、なじんだ感覚があるはずです。

もしもトラウマに気づくことができれば、私たちは、次に未知の領域に進むという「選択」（⑤）をし、適切なサポートを求めることで、「いつもの慣れ親しんだ」パターンを選び続けるのではなく、いままでとは違う体験へと移行していくことができます。

トラウマを癒すには、トラウマに気づくことが大切

ディフェンス（ディフェンスシステム）

① トラウマに関係するトリガーが引かれる

↓

② 感情的反応が起こる

↓

③ （②と同時に）ジャッジメントが起こる

↓

トラウマを癒やす方法

④ 子ども時代のトラウマに気づく

↓

⑤ 未知の領域に進む選択

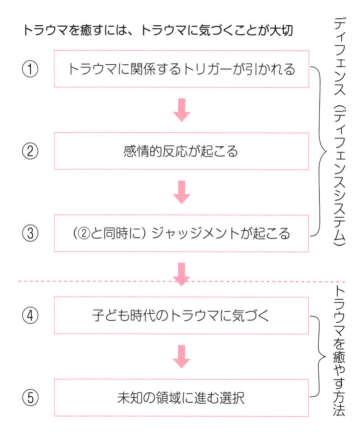

ところが、覚えていないほど昔に受けたトラウマがあると知っている人は少ないため、トリガーされたときにどうすればよいか、ほとんどの人はわかりません。

散々泣いたり感情的に怒ったりして「反応」からの行動をしたあと、いつもの安定した場所に戻り、そしてまたトリガーによって感情的反応が引き起こされるのです。

これが負のディフェンスシステムです。トラウマを癒さない限り、この負のループ、負のパターンから抜け出すことはできません。

ディフェンスに留まらせるジャッジメントの罠

トリガーが引かれて感情的反応が起こると、次に私たちは**ジャッジメント**を行なうと、前項で述べました。

ジャッジメントは現実には起こっていないことを勝手に決めつける心の動き、いわば「正しくない判断」です。

ジャッジメントが起こるのも、トラウマと深く結びついています。

私たちは、生まれてすぐのころには、好奇心のままにいろいろなことにチャレンジしようとします。でも、思いがけない制限や壁に当たったり、やろうと思ってもできない経験をしたりします。無力な子どもなので当然なのですが、心の中では「自分がしたいこと」がなぜできないのかがわからず、激しい葛藤が生まれます。

そのとき、子どもは泣いたり怒ったり拗《す》ねたりして葛藤を表現するのですが、たいていの場合、自分の愛する、また依存する相手である母親や自分の世話をしてくれる人から拒絶されたり、叱責を受けたりします。

すると子どもは、自分の感情表現に対して愛する人から望まない反応が返ってきたことによって、「自分が感じたことを素直に表現すると愛されず、受け入れられない」とショックを受けます。この瞬間、私たちの内側では生きていくための生存本能が働き、アラームとしてジャッジメントが機能し、**「愛されない自分は価値がない」と間違った判断を下します**。「受け入れられない」体験を重ねることで、自分が本心からの表現をしようとすると、ほぼ瞬時にアラームが鳴り響き、ジャッジメントが働くようになるのです。

私たちが「よくない心のクセ」から解放されるには、ディフェンス、そしてジャッジメントに取り込まれないようにする必要があります。

「本当の自分」は一番奥に隠れている

ここまでお話ししてきたように、キャラクトロジー心理学の目的は、心のクセ＝ディフェンスの原因となる心の傷を理解して癒やし、本当の自分を取り戻すことです。でも「本当の自分」とはどんなものかわかりますか？　本当の自分とは、自分と他人と世界のために最高最善を選び続けようとする自分です。それは誰の内側にも存在しています。心のコアにある人間の本来の資質、それをキャラクトロジーでは、**コアエッセンス**と呼んでいます。

コアの自分と偽りのマスク

「心のクセ」に気づき、ディフェンスに気づいて正しい選択をする。それは、コアエッセンスにあふれた本当の自分になることです。

でも、多くの人が「これが本来の自分だ」と間違えてしまう偽りの自分が、すべての人の中に存在しています。これをキャラクトロジー心理学では**マスク**といいます。

マスクとは、自分が思い描く、「こうすれば自分は完璧であろう」「こうすれば誰からも愛されるだろう」という外側の人格、「こういう自分なら愛してもらえるだろう」「こんな自分なら受け入れてもらえるだろう」という**理想化されたセルフイメージ**です。

マスクは自分でも覚えていないほど幼い子どものころの意識が作り上げたものです。子どもの私たちは、愛されるため、受け入れてもらうためにマスクをかけて「立派な私になろう」と努力します。でも、そのせいで「本来の自分自身」からは遠く離れてしまいます。

そして、前項でお話ししたジャッジメントは、もともと人間が生きていくために必要な機構です。心の成長が進むにつれて、私たちはジャッジメントによって痛いアラームが鳴ることを予測し、「こうすればきっとこうなるだろう」という**イメージ**を形成します。ジャッジメントとイメージにより「きっとこうなるだろう」と予測をし、それに対応するのに最適な行動や言動を選ぶことで、新たな外側の人格、**マスク**をどんどん形成していくのです。

マスクは、現実から私たちを乖離《かいり》させてしまうにもかかわらず、私たちは、マスクをかけていることが社会生活の上では何よりも大切だという大いなる誤解をしています。

マスクの自分に慣れてしまうと、家族や友人、クラスメイトや同僚たちとマスクでのみ関係性を結び、自分の生活を構築していってしまいます。ですから、内側の自分＝マスクではない本来の自分が望んでいる状態と現実が遥かに異なるような感覚になってしまい、「これが自分の本当にしたかったことなのだろうか？」という疑問を感じてしまうのです。

理想化されたセルフイメージ（マスク）に気づく

ときに現実で問題が起こり、何かが間違っているのかもしれないと自分の内面を見つめることもあるでしょう。でも、マスクのかかった状態だと、本当の自分と向きあうことはできません。マスクをかけると本当の自分の感覚と乖離するので、何が本当なのか、正しいのかわからなくなるからです。

子どものころの誤認に由来するディフェンスに陥っている限り、現実はうまくいきません。ゆえに、**現実を好転させるためには、同じような思考の中をぐるぐる回っている状態から抜け出す必要があります。**

でも、人生に繰り返し起こってくるパターンをなんとかしようと頭で考え、「こうしたらいいのではないか」「ああしたらいいのではないか」と自分の外側を変えようとし続ける限り、本当の自分からは遠く離れていきます。

うまくいかない現実を理想的な現実に変えようと、理想化されたセルフイメージ（マスク）で装おうとすることは、本来の自分自身から乖離することになるため、うまくいかない現実がもっと膠着化していきます。

「なんでいつもこんなことになってしまうのだろう」と思うことがあるならば、**もしかしたら自分はマスクで生きているのかもしれないという視点を持ってみてください**。いい意味で自分自身に疑いを持ってみることは、人生をよりよく変化させる第一歩となり得ます。

ディフェンス（心のクセ）を受け入れると本当の自分に近づける

私たちは、人生が平坦で平穏で平和であることが幸せであるという誤解を持っています。

それは自由で好奇心いっぱいの子ども時代、突然現実に起こってくる、不幸としか思えないようなできごと――たとえば母親の叱責や、喧嘩している両親の近くでどうしたらいいかわからずに佇《たたず》んでいる感覚、あるいはとても気に入って欲しいと思ったものに手を伸ばした結果、兄弟や友人と喧嘩になって味わった後味の悪さなど、日常の中で繰り返し体験する不協和音が原因です。

ディフェンスは「平和な毎日に突然訪れる不協和音よりは、何事もないほうがいい」と望むところから生まれているのですが、私たちはそのことに気づいていません。けれど実際には、「何事もないほうがいい」というディフェンスに支配され、マスクをかけ続けていて、その結果「幸せ」は遠くなります。「幸せになりたい」と思って行動しても、「なぜかいつもうまくいかない」負のスパイラルに陥ってしまうからです。

このように、ベースに恐れがある場合、たやすく「よくない心のクセ」に絡め取られてしまいます。そしていつのころかわからない過去に体験した子ども時代の何かから恐れが引き起こされるとき、私たちは瞬時にこの先に何が起こるのかを過去の体験から予測しイメージしていきます。そして自分が恐れと同化してしまっているがゆえに予測したイメージ通りに行動し、自分の現実＝よくない現実を創っていってしまうのです。

ですから、自分の中にある恐れや不安、居心地の悪さを受け入れずに自分を変えることや現実を変えていくことは不可能です。むしろ、進んでこの恐れや不安、居心地の悪さを受け入れ、自分がそれを感じていることを全身で体験し、そして根幹となっている**トラウマの傷に目を向けることが新しい世界を得ることにつながっていく**のです。

自分の中の嫌な感覚を受け入れられなければ、いつまでも同じ現実や現象を作り続けるしかありません。

それが嫌なら回避するのではなく、体験してください。

そしてその上で、自分が本当に創造したい人生はどんな人生なのか、本当にしたかったことはなんなのかを問い、自分の深部から湧き上がってくる真の創造に自分を開いていくとき、あなたの傷は癒されてゆきます。

キャラクトロジー心理学＝インナーマインドを癒やして変える方法論

では、あなたの心に巣喰うディフェンスシステムから解放され、本当の自分を取り戻すにはどうしたらよいのでしょう？

その鍵が**インナーマインド**と、**ハイヤーセルフ**です。

キャラクトロジー的に説明すると、現実世界は、愛と分離、善と悪、生と死、愛と利己主義など、つねに二元性の葛藤の中にあります。そしてキャラクトロジーを通じて生きづらさを解決するということは、インナーマインドにおいて**ハイヤーセルフを選ぶ自分になる**ということなのです（インナーマインドマップの見方とその癒し方・変え方については、第3章で詳しく説明します）。

インナーマインドは49ページの図のように層になっています。本当の自分（コアエッセンス）を傷、ロウアーセルフ、ジャッジメント、イメージ、マスクなどがおおっています。これら本当の自分を隠すものを癒し、本当の自分にたどりつくことがキャラクトロジーの癒しのメソッドです。

真っ白な状態で生まれてきた赤ちゃんは、周囲との関係性の中で現実を知覚し、順応していきます。そのとき起こっている現象は**ニーズの応酬**です。

自分の内側のニーズ（眠りたい・食べたい・遊びたいｅｔｃ……）を表現し、他者（お母さん）に受け取ってもらう。そして、自分のニーズに対するお母さんの反応をさらに受け取る。それを繰り返すことで、赤ちゃんは、「自分は何をしたのか」「ほかの人はそれをどう受け取るのか」ということを学んでいくのです。

この⑴自分が感じる、⑵それを表現する、⑶相手に受け取ってもらう、⑷相手から反応が返ってくる、⑸受け取ってまた表現する、という5つのステップが「体験」です。

そして、いずれかの段階で「わからない」と混乱したり、誤解や誤認が起こったりすると発達が阻害されるのですが、その状態で現実に適応しようと形作られた「防衛反応《ディフェンス》」が5つのキャラクトロジーの「よくない心のクセ」（**ロウアーセルフ**）であり、新しい体験を選ぼうとする自己が**ハイヤーセルフ**です。そして私たちは、その瞬間の最高最善を選ぶ（ハイヤーセルフを選ぶ）ことによって成長し成熟していきます。

ハイヤーセルフを選ぶには？

ハイヤーセルフという言葉は、あたかも自分の外側にあるとても崇高な人格であるような誤解をされることもありますが、自分の内側にある本当の部分（インナーデバインセルフともいいます）のことです。

通常、私たちのハイヤーセルフは、十分に自分自身を浄化し、癒しきってはいません。けれど自分のロウアーセルフに気づき、コントロールできるようになり、自分にとって一番望ましい愛や幸せを選べる状態になると、自分の内側からの輝きもより強くなっていきます。これが「ハイヤーセルフの自分」という状態です。

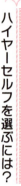

ゆえに、**自分を知り、自己探求し、自分が何をしているのか自己認識し選択できるようになればなるほど、ハイヤーセルフ（インナーデバインセルフ）はその人の内側により深く根づく**ようになっていくのです。

ハイヤーセルフが自分の内側により深く根づき、肉体の緊張や望まぬ疾患、さまざまな

インナーマインドマップ

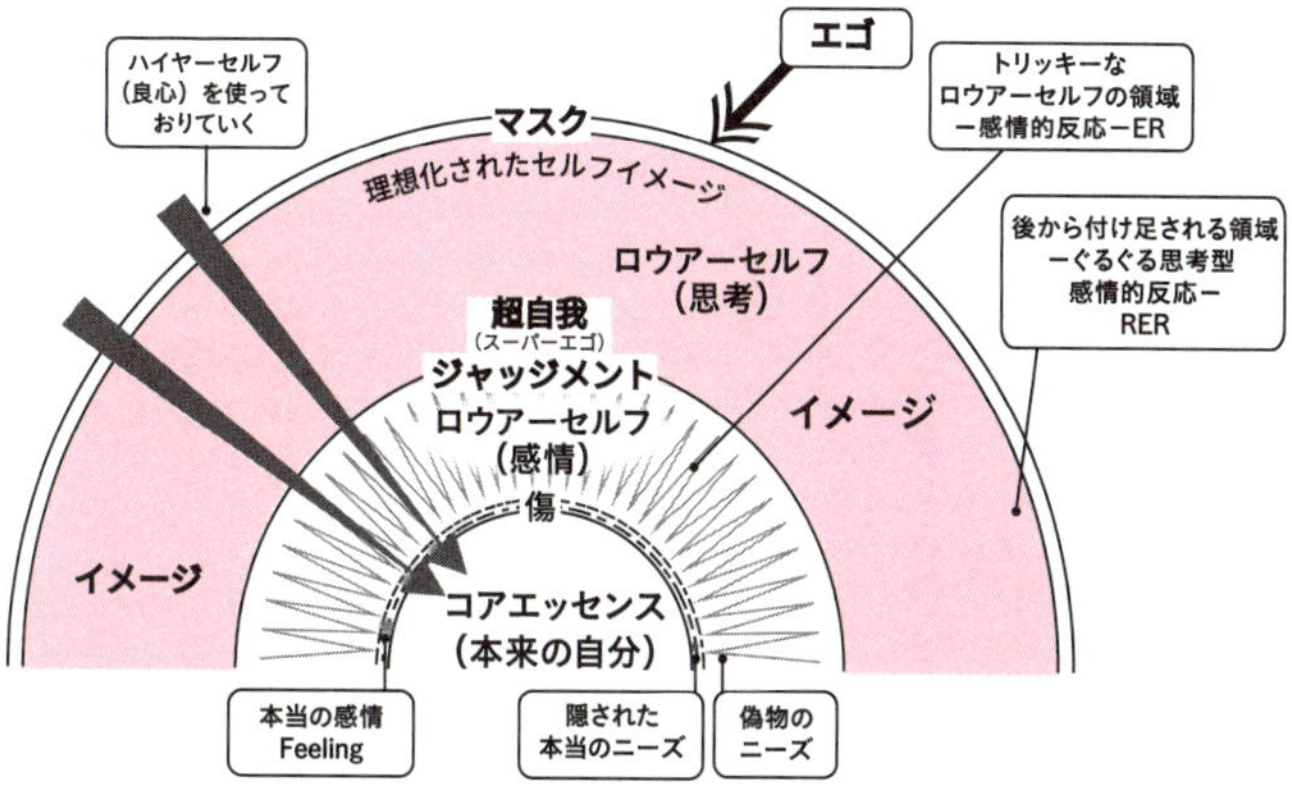

不具合を真に解放していくことができるようになればなるほど、本当に創造したかった理想の、高次の現実を創造していくことがたやすくなります。

けれども、肉体と同一化していないインナーデバインセルフ（＝ハイヤーセルフが根づいていない状態）は、現実ではなく自分の思考にばかり意識が向いてしまうので、過去の体験を引きあいに持ち出しては、どうしたら一番いいのかをつねに頭の中であれこれ考えるという状況を作り出します。

言い換えれば、それは現実をありのままに受け取ることができていない状態、子どものときの誤認からの反応でしか行動できていない状態です。

肉体に**グラウンディングしているとは、地に足をつけ、目の前の現実をありのままに認識し、そこに対応できる状態、いまこの瞬間に起こっていることを思考で理解しようとするのではなく、体感として体で体験できる状態**のことです。

ハイヤーセルフを選ぶためには、自分の中にロウアーセルフの破壊性があることを受け入れた上で、愛を選ぶ感覚もあることを充分に知ることが必要です。つまり、**最悪の事態と最善の事態の両極を同時に考える必要がある**のです。「破壊性も愛も、どちらも私の中にあるのだな」と認めたときに「二元性を超える」新しい選択をすることができます。

気をつけなければならないのは、「分離」を選ぼうとするとロウアーセルフに落ちていきますが、愛だけを選ぼうとしても**マスク**に落ちていくことです

ゆえに、真にハイヤーセルフを選ぶということは、ロウアーセルフの自分を通って愛を選ぼうとしていくこと、そしてその向こう側へと超えていくということです。向こう側に超えていくというのは、つねにいままでしたことのない選択にチャレンジするということでもあります。

心の中の誤解が現実の生きづらさを生み出している

私たちはすでにいろいろな経験をしているので、同じパターンを選べばどうなるかわかっています。けれども同じことをしてしまう。それこそが「いつも同じ失敗をして」しまって、「結局いづらくなって」「現実を生きづらい」と感じてしまう原因です。

それなのにこれまでと同じことをずっと続けるなら、その人が進化することはありませんし、同じ態度や言動をずっと繰り返すだけなので、自分自身への理解も自己探求も生まれません。

本当の人生はもっと変化に富んでいて、雨の日もあれば晴れの日もあります。嵐も来ます。昨日と同じ今日、今日と同じ明日という変わらない日々が続くことは自然界の中ではありえません。

つまり、毎日同じような暮らし、昨日と同じ平穏な暮らしを望むこと、変わらないままでいようとすることこそ、インナーマインドの**ロウアーセルフの中で人生をコントロールされている状態、ロウアーセルフにとどまっていることの表れ**なのです。

ロウアーセルフはつねに、いいか悪いか、正しいか間違っているか、白か黒か、善か悪かの判断を下そうとします。そして、その二元性がどんなに自分の現実を狭めるかを、ロウアーセルフの意識では気づくことができません。

そしてほとんどの人は子どものときからのこの限られた選択肢の中で生きているので、必然的に人生が生きづらくなります。自ら現実を狭め、生きづらい人生を創造していることに気がつかなければなりません。

本当の自分を取り戻す「キャラクトロジー・メソッド」

ここまで、「胎児のころからのトラウマ」とそれが生み出すディフェンスシステムが、「よくない心のクセ」に大きくかかわっていることをおわかりいただけたでしょうか？。

これを解決するのが、私が体系化したキャラクトロジー心理学のメソッドです。キャラクトロジー心理学では、胎児期から幼児期の各発達段階において受けた心の傷（トラウマ）をベースに形成される5つの人格（キャラクター）とその人格《キャラクトロジー》が陥りがちな心のクセ（ディフェンス）のパターンを明確にし、ひとりの人間の中にできる本来の自分自身の可能性を明らかにします。

そのため、どうしたら本来の自分自身のよさを発揮できるのかを順路立てて理解することができます。また、5つのキャラクターを知ることで、トラウマを癒していく過程で陥ってしまいがちなパターンを知ることもできるので、迷ったときにどちらの方向に行けばよいのかも一目瞭然です。

ゆえに、キャラクトロジー心理学は、自分を癒したい人が必ず迷い込んでしまう「どうしていいのかわからない」という迷路を抜け出すための魔法のマップの役割を果たしているのです。

Column

過去のトラウマを癒せば、人生は変化する

トラウマは、子ども時代の環境や出会った人々との間で行なわれたさまざまな交流の中で、他者からの無理解、また自分が思うように表現できないことを体験することで作り出されます。

トラウマについては、精神医学でも重要なテーマとして研究されてきました。ユング、フロイトに連なる流れの中で、アドラーはトラウマを否定し、ライヒはトラウマありきと仮定しました。

しかし、トラウマを否定したアドラーも、トラウマがないと言っているわけではありません。成長の過程において私たちは周囲からさまざまな影響を受けるということを理解した上で、アドラーは、大人になってから子ども時代に受けた仕打ちや痛みを振り返ったところで、怒りや憎しみ、恨みが強くなるだけなので、過去ではなく現実にどのように自分

が適応し対応するかが大切だと説きました。一方ライヒは、成長過程における他者との交流から生まれたトラウマはあるとした上で、さらに、繊細なエネルギー（オルゴンエネルギー）のやりとりの流れの中で人は誤解し傷ついていくと定義したので、精神医学の世界では異端者扱いされていました。

ライヒの言うオルゴンエネルギーについては、私の師・バーバラ・ブレナンも著書『光の手』の中で、「私たちはこの目に見えないエネルギーの中で生きていて、自分が考えたこと、話したことや感情や自分の意識が向いた方向など、あらゆるところにこのエネルギーが存在している」と述べています。

実際に、厳密に意識し知覚しないまでも、たとえば「何か嫌な気持ちがする」とか、何か言われたわけではないのに「あの人は怒っているような感じがするから近づかないようにしよう」など、私たちの行動のほとんどがこの不確かな感覚によって決定づけられています。

それにもかかわらず、私たちは目の前に見える現象や言われたこと、自分の行動のみに目を向けがちです。なぜそのように感じたのか、なぜそのように言ったのか、なぜそんな行動や言動をしたのかという深い心理の部分には理解の光を当てようとしません。

精神医学も、トラウマとなりうる過去の大きなできごとや環境要因には統計学的に目を向けていても、日常の中でじわじわと熱を加えられ茹で上がっていくような「何かが違うんだけれども何が間違っているのかわからない」という歪み、根本にある自分と他者と世界に対する認識の歪みの癒し方については、解決方法を持っていません。

真の意味で生きづらさや不具合を解消するためには、自分自身への、他者への、そして世界に対する無理解と誤解を癒す必要があるのです。

第2章

あなたも知らないあなたがわかる
キャラクトロジー診断

キャラクトロジーとは誰もが持っている5人格のこと

そのときどきのあなたの状態に応じて現れるロウアーセルフ、それが5つのキャラクトロジーです。ちなみに、キャラクトロジーの5つの人格は、人間誰もがみんな、心の中に持っています。この5つの人格の現れ方によって、自分の考え方や対人関係のクセなどが大きく変わってきます。

ですからまず、5つの人格を知り、次にいまの自分はどのキャラクターが前面に出ているかを把握することで、あなたの生きづらさ、いつも同じような間違いを犯してしまう考え方の癖などを変えることができるのです。

それではここで実際に、あなたのキャラクトロジーのパターンを分析してみましょう。どうしても当てはまることがない場合には一番近いものを選んでくださいね。

あなたのキャラクトロジーチェック

問1　小学生のころ、どんなタイプの子でしたか？

a.	誰かと一緒にいないといられない甘えん坊	♥
b.	よく言えばマイペース。わるく言えば集団行動ができない子	◆
c.	何でもソツなくなこなす優等生	♠
d.	ガキ大将／女王様気質	★
e.	いつもニコニコ愛想がよく、可愛がられるタイプ	♣

問2　周りからよく言われるセリフは？

a	「くよくよ悩みすぎ」「甘えん坊だよね」	♥
b.	「気が利くよね」「いい人だよね」	♣
c.	「しっかりしてるよね」「真面目だよね」	♠
d.	「仕切り屋」「そんな喧嘩腰にならなくても」	★
e.	「もっとしっかりして」「ぼーっとしてるよね」	◆

問3　あなたの短所は？

a.	頑固すぎるところ。プライドが高くて間違いを認められない	♠
b.	負けず嫌い。つい攻撃的になってしまう。人を信頼していない	★
c.	自分より他人を優先し、周りに合わせすぎてしまう	♣
d.	自己価値が低い。依存的。持続力も体力もない	♥
e.	物事を継続できない。責任感、存在感がない。自分に軸がない	◆

問4　あなたの長所は？

a.	あまり思い浮かばないけど、強いていうなら優しいところ	♥
b.	豊かな想像力がある。夢を持っているところ	◆
c.	誰とでも仲良くなれる♪　面倒見が良い。アイデアマン	♣
d.	完璧主義。真面目で優秀。自分の考えを貫ける	♠
e.	周りを引っ張って行くのが得意。戦略的。多芸多才	★

問5　怒られるとどうなる？

a.	カチンときて反抗／反論する	★
b.	自分のためを思って怒ってくれているので、相手の言い分を真摯に受け止める	♠
c.	正直、怒られていても現実味がない。「聞いてんのか！」とさらに怒られる	♦
d.	なんて自分はダメなんだと落ち込む	♥
e.	内心怒っていてもつい良い顔をしてしまう。が、ときにそれが爆発する	♣

問6　仕事をする上で大切なのは？

a.	人を喜ばせたい。人を笑顔にしたい	♣
b.	人の役に立ちたい	♥
c.	いかにいい成績を上げるか、いかに結果を出すかが勝負	★
d.	ズバリ安定	♠
e.	クリエイティブであること	♦

問7　恋愛でよくあるパターンは？

a.	パートナーと深い関係を築けない。人とつきあうってどんな感じかわからない	♦
b.	好きとか愛してるとかよくわからない。「恋愛」も「セックス」も言葉に出すのは恥ずかしい。いけないことのように感じる	♠
c.	パートナーの喜びが私の喜びだけど、合わせすぎて疲れていきなりキレてしまい、相手をびっくりさせることも	♣
d.	恋愛体質・恋多き肉食系を自負している。好きになったら自分からアプローチ。やたら相手に期待して裏切られたと感じることが多い	★
e.	さみしがり屋の甘えたがり。恋愛至上主義すぎてパートナーに依存し、重い女と思われてしまうことも	♥

問8　困ったとき、どうする？

a.	「大丈夫」と心の中で念仏のように唱え、平静を装う	♠
b.	「絶対負けない」と闘争心を燃やし、頭の中で幾通りも状況をシミュレーションしながら問題に立ち向かう	★
c.	「自分は関係ない」と思うようにし、他人に責任転嫁する。または逃げ出す	♦
d.	「どうしよう……」と誰かに相談する。誰かがどうにかしてくれることを願う	♥
e.	「私一人が責任を負えばいいんでしょ」と自分を犠牲にしてでも丸くおさめるが、それを誰かに評価されたいと思う	♣

問9　あなたにとって時間とは？

a.	ぼーっとしている間に時間が経っていることも多く、時間の感覚がない	♦
b.	起きる時間、食事の時間など、自分の行動の指針となる。少しでもずれそうになるとパニックになることも	♠
c.	過去の思い出に浸りがち。「あのときああしていれば……」と後悔する“たられば”が得意	♥
d.	過去と未来を行ったり来たりして、この先のどんな事態にも対応できるよう、未来の様々なパターンを予測し、それに備えようとする	★
e.	時間の流れはあまり気にしない。つい時間を忘れて話し込んでしまう	♣

問10　人生で一番大切なのは？

a.	上に立つこと。成功すること。特別な自分でいること。一目置かれる自分でいること	★
b.	夢や憧れ。想像力を持ち続け、つねに新しい可能性と未来に開き続けていたい	♦
c.	仲間や愛。今いるグループやコミュニティに根付き、一つの場所で親密な関係を保っていたい。人類皆兄弟！	♣
d.	問題やトラブルがないこと。冒険して失敗するくらいなら、予想のつく範囲で安全に過ごすのが無難	♠
e.	誰かに守られること。お金も充分にほしいし、仕事でも恋愛でも満たされたい。そんな人を見るといつもうらやましく思う	♥

問11　この中で一番恐いことは？

a.	失敗すること	♠
b.	負けること	★
c.	見捨てられ、ひとりになること	♥
d.	恥をかかされること	♣
e.	人と関わりあうこと	♦

問12　あなたの髪質は？

a.	猫っ毛で柔らかい	♥
b.	量が多く、ごわっとかため。太いちぢれ毛	♣
c.	直毛。サラツヤストレート	♠
d.	薄くてぺちゃんこ。頭のてっぺんがちょっとサミシイ	♦
e.	癖のあるウェーブ	★

問13　あなたの目はどんな目？

a.	目ヂカラがある。挑戦的な目。ナナメに睨み上げるのは得意	★
b.	まっすぐだけど感情を感じられない目。凍っているような感じ	♠
c.	ウルウルしている。どこか自信なさげで人と目を合わせられない	♥
d.	ぼーっとしていてどこを見ているのかわからず、アイコンタクトが取れない	♦
e.	相手の心を覗き込むような目。子どもみたいにキラキラしている	♣

問14　あなたの腕はどんな感じ？

a.	肩がっちりむっちりラガーマン型。腕に力が入っている	♣
b.	肩幅は狭いのにひょこっと上がっている。手先に力がなく「うらめしや〜」のような手をしている	♦
c.	脇をしめ、指先までピシッと伸びている。礼儀正しい印象	♠
d.	なで肩。腕に力がなくだら〜んと伸びている	♥
e.	腕組みをしたり、腰に両手を当てるポーズが得意。手先はくねくねさせる	★

問15　あなたの足はどんな感じ？

a.	外側に向かって開いている。オラオラ歩きまたはモンローウォークも得意	★
b.	足をしっかり閉じている。女性は膝をくっつけてきちんと座り、男性は骨盤前面を隠すように手を前で軽く組む	♠
c.	O脚、内股	♥
d.	細長くひょろりとした印象。関節がカクカクして動きがぎこちない	♦
e.	X脚	♣

問16　骨盤のあたりはどんな感じ？

a.	細くて弱くて発達していない	◆
b.	骨盤をガチッと固め、腰を後ろにそらせている	♠
c.	薄っぺらなお尻	♥
d.	かたく、ギュッとしまって緊張している	♣
e.	ウエストのくびれが自慢	★

問17　手をあげるとき、どんなふうにあげますか？

a.	真上へピシッとあげる	♠
b.	ビクビク、おどおどしながらあげる	◆
c.	手で小さくS字を描きながらあげる	★
d.	小さくそっとあげる	♥
e.	元気よく下から上へすくいあげるように「ハイ！」	♣

問18　人と会話するときのあなたは次のうちどれに近い？

a.	言葉の最後が消え入る感じ。独り言？	◆
b.	相手の話を「うんうん」と聞くが、いつの間にか人の話を奪って自分が喋っていることも多い	♣
c.	挑発的で強い口調	★
d.	自信がなく、語尾に“？”がつく感じ。「○○よね？　そうよね？」	♥
e.	礼儀正しく話すが、相手の意見は聞き入れない。一度同意してから「でも……」と否定する	♠

問19　頭の中ではいつもどんなことを考えている？

a.	「○○しなくちゃ。あー、でも面倒くさい……面倒くさい……」	♣
b.	「ここにいたくない。みんなに嫌われている気がする」	♦
c.	「やっぱりダメダメ……あの人だけいいなぁ。私にはできない」「もっと頑張らなきゃいけないのに……私はダメだ……」	♥
d.	「ちゃんと、きちんと」「間違わないようにしなくちゃ」	♠
e.	「こう言われたらこう言い返そう」「こう返ってきたらこう言い返してやる」「私は絶対間違っていない」	★

問20　人間関係の特徴は？

a.	ひとりが好き。ひとりは自由！	♦
b.	リーダーの右腕的存在。優秀なサポーター、補佐役	♣
c.	依存気味、グループの中心に行きたいけど行けない	♥
d.	「しっかりしてるから」といつの間にかリーダーに	♠
e.	グループ内のボス的存在。派閥の長！	★

問21　全体的な体格・体の特徴は次のうちどれ？

a.	虚弱体質。猫背で力なく痩せている感じ。胸もお尻も薄い。胃腸が弱い	♥
b.	太りやすい。体格はしっかりしている。ガッチリとした、あるいは肉づきのよい肩や背中	♣
c.	ひょろっと細い。関節が弱い。髪の毛は薄い。なんとなく全身のバランスが悪い。よくつまずく	♦
d.	ナイスバディ。目ヂカラがある。高血圧気味。おでこが広い	★
e.	全身のバランスが取れ、スタイルがよい。姿勢がよいと誉められる	♠

さて、21問答えて、いちばん多かったのはどのマークでしたか？　マークはそれぞれ次のキャラクトロジーを現しています。

◆	スキゾイド
♥	オーラル
♣	マゾキスト
★	サイコパス
♠	リジット

次の行に、マークが多かった順に書き込んでみてください。

【　　】＞【　　】＞【　　】＞【　　】＞【　　】

これが、いまのあなたのキャラクトロジーの割合です。2つ以上のマークで選んだ個数が同じ場合もあります。それはその2つ以上のキャラクトロジーが、いま強く現れているということです。

次のページから、各キャラクトロジーの詳細な説明をします。

自分のキャラクトロジーを知れば、「生きづらさ」は解消できる

1. 何が問題かわからず、現実から逃げ出すスキゾイド

スキゾイドは、目の前の現実から逃避し、責任を取ろうとしないのが大きな特徴です。これは、スキゾイドのトラウマが**胎児期**や**出産時のショック（バーストラウマ）**、**生まれて半年くらいの自分の意思ではどうにもならない時期**に起因するためです。

つまり、責任の取り方がわからないので、問題が起きると現実から乖離して、いまここに「いない状態」を作り出してしまいます。いつも夢見がちな状態にいて現実から目を背け、厳しい状態に自分で自分を追い込んでしまうのです。スキゾイドは、「人生は自分で変えていくものである」ことを学ぶ必要がありますが、このキャラクターにとっては本当に難しいことなのです。

◆見た目の特徴

ひょろっとしていて存在感がなく、動きがぎこちない。目はうつろで焦点が合っていない、またはおどおどしている。手足が妙に長いなど、全身のバランスが取れていない。学生であれば、いつも教室の隅でぼんやりしていて、学校を休んでも誰にも気づいてもらえないタイプ。

◆スキゾイドが形成された原因

本当は安全で安心できる場所であるはずのお母さんのお腹の中で、または生まれてきた瞬間から生後6カ月ごろまでの間に「拒絶されている」「拒絶された」と感じた体験（あくまでも赤ちゃんがそう感じただけの誤解）がトラウマとなり形成されます。

この時期の赤ちゃんはお母さんと一心同体なので、お母さんの感情を自分のことのように感じてしまいます。そのため、お母さんがいろいろなできごとに対して感じた恐れを、そのまま受け継いで感じることもあります。

そのため、「ここにいたくない」「自分は嫌われている」「世の中は敵意であふれている」といったイメージが生まれ、真実と誤認するので、スキゾイド人格にとって、現実世界は敵意にあふれたものとなっています。また、「嫌われている」という前提で人と接するので、いつも怯えたように振る舞ってしまいます。根本的に生きることへの恐れを持っているのがスキゾイド人格といえます。

◆具体的なトラウマ体験例　流産しそうになる／妊娠中、お母さんがイライラしていたり、びくびくしていた／難産／へその緒が首に巻きついていた／生まれた瞬間の眩しさ／両親のけんか／大きな物音

◆ディフェンスの性格パターン

継続力、責任感、社会性、協調性に欠けます。

一つの場所に腰を落ち着けることが苦手で、引越しや転職を繰り返す人も多いです。他人が怖く、深い人間関係を結ぶことができません。存在感がなく、いつもびくびく怯えています。どこかぎこちない雰囲気で、集団の中では異分子として扱われることも。

内面的には空想の世界に浸り、現実を見ようとしません。「いま、ここ」の現実におらず、いつもぼんやりとしているため、他者からは「一緒にいても一緒にいないような気がする」

「話を聞いていない」といった心もとない印象を持たれがちです。

◆ディフェンスに陥っているときの頭の中の言葉

「もういい」「ここは私がいるべき場所ではない」「ここにはいたくない」

◆ディフェンスを続けることで起きがちな現実の不具合

- 責任を取ることを恐れて逃げる結果、事態がさらに大変なことになる
- ありえないような災難、トラブルに見舞われる
- 頭の中には夢と理想がたくさんあるのに、それを現実化することができない
- 人の中に入っていくのが怖い。拒絶されていると感じる
- 道に迷う／電車を乗り間違える／メールの誤字脱字・誤送信は日常茶飯事
- 脱毛症／認知症／パニック障害／離人症／アレルギー

◆人生のテーマ（目的）

バラバラな自分の人生を一つにまとめ統合すること。

内面にあるたくさんの夢と理想を現実化していくこと。

◆スキゾイドのエッセンス

創造性／豊かな想像力／直観力／サイキックな能力／独特の世界観／天から降ってくるような芸術性／霊的世界との強いつながり

◆エッセンスで生きるポイント

・「自分は拒絶されている」「自分は嫌われている」という子どもの意識から「この世界は安全で、自分はここにいてもいい」「ここが私の居場所である」という大人の意識にシフトする。

・自分の体にグラウンディング（自分の体に触れ、自分が「いま、この場所」にいることを感じる）する。たとえば目の前の人との会話や掃除、読書など、「いま」目の前でしていることに集中し、やり続け、完了させる体験を重ねましょう。

・この世界にグラウンディングする。「立つ」「しゃがむ」「ジャンプする」「四股を踏む」「スクワットする」といった脚を使う動きを通して体を感じましょう。足の裏が床（大地）

スキゾイド

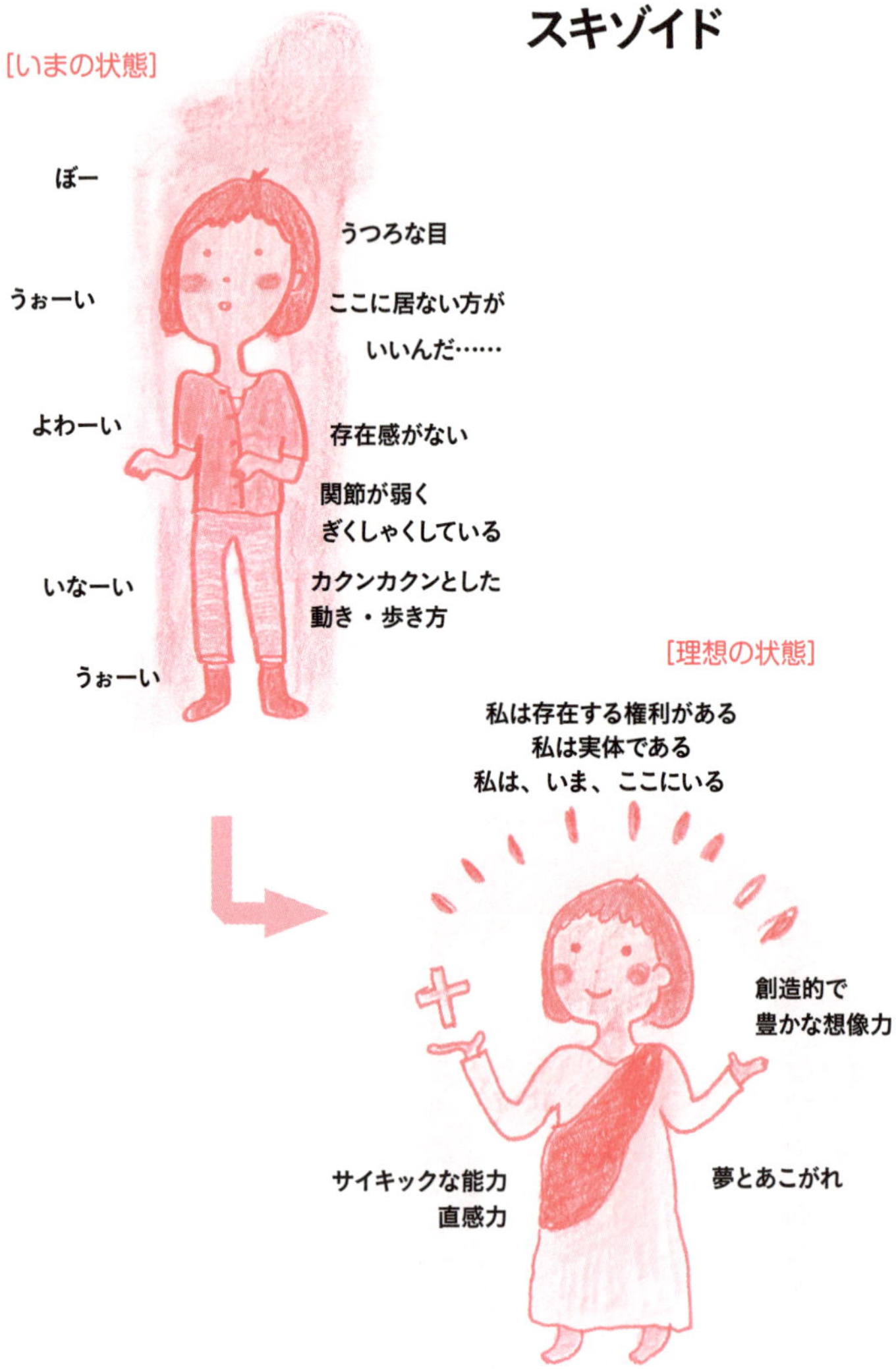
[いまの状態]
ぼー
うつろな目
うぉーい
ここに居ない方が
いいんだ……
よわーい
存在感がない
関節が弱く
ぎくしゃくしている
いなーい
カクンカクンとした
動き・歩き方
うぉーい
[理想の状態]
私は存在する権利がある
私は実体である
私は、いま、ここにいる
創造的で
豊かな想像力
サイキックな能力
直感力
夢とあこがれ

にしっかり着いていることを感じるのも効果的です。

・「安心・安全」を感じる。実際に誰かと触れあい、相手のぬくもりを感じましょう。友達との握手やハグ、パートナーや家族とのスキンシップを通じて「自分はここにいてもいい」「ここで歓迎されている」ことを感じます。

◆スキゾイドのエッセンスが見える著名人

スティーブ・ジョブズ　スナフキン（人ではありませんが）

サルバドール・ダリ　小泉純一郎

2. どうしていいかわからず、他人と関係を築くことが苦手なオーラル

オーラルは**1歳半くらいまでの乳児期に受けたトラウマが原因で、愛を受け取ることや与えること、人から認めてもらうことに非常な困難を感じます**。

オーラルの傷も、本当に幼いころの傷なので、「自分がどうすればいいか」がわかりません。欲しいものも、本当にしたいこともわからず、つねに混乱しています。一方で責任の取り方や助けの求め方もわからないため、絶望的なシナリオを自分で描いてしまいます。

❤見た目の特徴

やせていて弱々しく、全体的に「薄っぺらい」感じです。疲れやすく代謝も悪い人が多いです。猫背だったり、首だけが前に飛び出している首猫背だったりします。腕はだらんと力なく垂れ下がっていて、目はウルウルとしてどことなく物欲しそうな感じ。

❤オーラル人格が形成された原因

まだ自分では何もできず、お腹が空いてもオムツが気持ち悪くても泣くことしかできない生後半年から生まれてから1歳半ごろの授乳期に「見捨てられた」(あくまでも赤ちゃんがそう感じただけの誤解)できごとが積み重なってトラウマとなり、形成されます。

具体的には、

- お腹が空いて胃に焼けつくような痛みを感じ、泣いてお母さんを呼んでもすぐに来てもらえなかった(実際にはお母さんは一生懸命ミルクを冷ましていたかもしれないし、忙しかったのかもしれない)
- きょうだいがいて、呼んでもすぐに世話をしてもらえなかった
- ミルクを吸う力が足りず、満足するまでミルクが飲めなかった

・お母さんから離され知らない場所に置いていかれた(祖父母や保育園に預けられたなど)

これらの体験から「見捨てられた」と感じ、**「どんなに望んでも自分のニーズは満たされない」と絶望し、自分のニーズを満たすことを諦めてしまいました。**悲しみと喪失の深い絶望を持っています。

❤ディフェンスの性格パターン

優柔不断で自己価値が低い人が多いです。

「どうせ私なんて」と、被害者・悲劇のヒロインを演じることで、周囲の同情や注意を引こうとします。いつも物欲しげで、他人の持っているものをいつも羨んでいます。依存的で、誰かにしがみついたりまとわりついたり、「欲しいけど要らない」という言動が多いことも。

「欲しいものは決して手に入らない」と信じています。おしゃべりな割には会話の内容がなく、コミュニケーションが一方的であることも多いです。

いつも何もかもが十分でなく、満たされていない感覚があります。長電話が好き。メールが意味もなく果てしなく長い。メッセージのやり取りを自分からやめられない。頼まれると嫌と言えない。メソメソ・イジイジが得意。気分の浮き沈みが激しいなどの特徴も。

❤ディフェンスに陥っているときの頭の中の言葉

「ないない」「やっぱり私はダメだ」「欲しいけど要らない」「絶対に嫌だ」

❤ディフェンスを続けることで起きがちな現実の不具合

- 友達も恋人もお金も仕事も体力もなにもなーい！　人生
- 依存体質のため、求めすぎる結果「重い」と見捨てられる
- 褒められても「私なんか」と受け取らないのでやがて誰も褒めてくれなくなる
- 人に気を遣いすぎて疲れる
- 大事にケアされた経験がないので、人の世話をすることを通じてそれを体験しようとするが、誰も自分のことはケアしてくれないと悲嘆に暮れる
- 自分は無力だと思っているため、それを感じるできごとが多発
- 貧血／慢性疲労／胃腸の不調／自己免疫性疾患／鬱・躁鬱／依存症

❤人生のテーマ（目的）

自立。自分自身の二本の足で立つこと。

自分で自分を満たし、育み、その「豊かさ」から他者に「与える」ことを学ぶこと。

❤オーラルのエッセンス

優しさ／誰にでも分け隔てなく与えることができる／慈愛／繊細な感受性／天性の教師／豊かさ／人のよいところを見つけるのが得意／誰にでも優しく平等に接することができる／強い精神力

❤エッセンスで生きるポイント

「自分には何もない」という子どもの意識から「自分は満たされている」「自分にはある」「自分は持っている」という大人の意識にシフトする。

・自分で自分のニーズを満たす。人から満たしてもらおうとするのではなく、「いま、必要な食べ物や体へのケアはなんだろう？」と自分のニーズを自分で探り、セルフケアを心がける。自分が満たされていないのに周りに与えようとしたり世話したりしようとす

オーラル

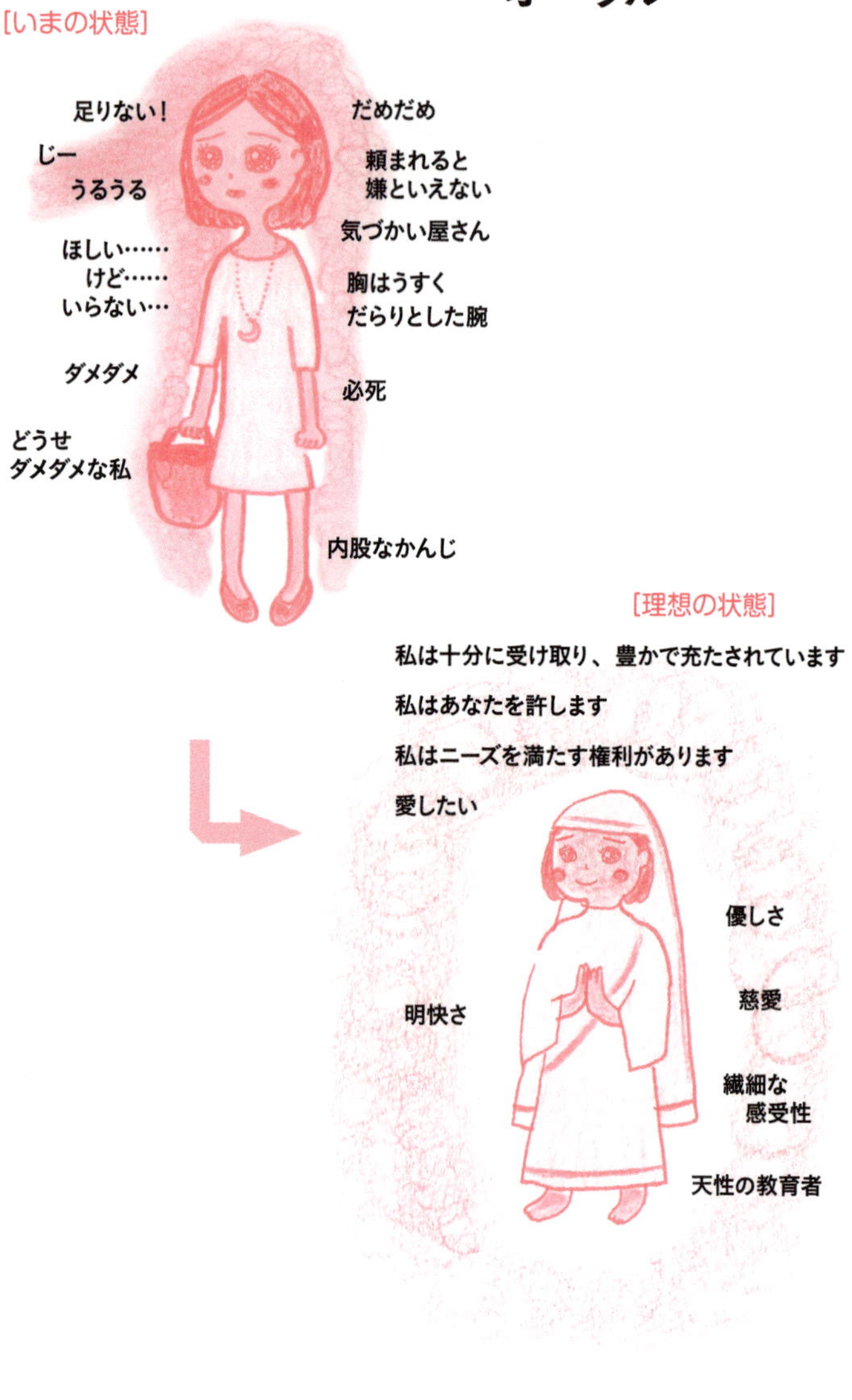
[いまの状態]
足りない！
じー
うるうる
ほしい……
けど……
いらない…
ダメダメ
どうせ
ダメダメな私
だめだめ
頼まれると
嫌といえない
気づかい屋さん
胸はうすく
だらりとした腕
必死
内股なかんじ
[理想の状態]
私は十分に受け取り、豊かで充たされています
私はあなたを許します
私はニーズを満たす権利があります
愛したい
明快さ
優しさ
慈愛
繊細な
感受性
天性の教育者

るのをやめる。何をわかってほしいのか、自分のニーズを伝える努力をする。子ども時代の満たされなかったニーズ、大人としての本当のニーズを感じる。

・受け取ることを自分に許す。誰かからの優しい言葉や行動、誉め言葉を「いや、私なんか……」と受け取らないことをやめ、深呼吸をして、ゆっくりと相手の愛や優しさを感じ、全身に行き渡らせてみる。

・グラウンディングする。地面や床を踏み鳴らしたりして、実際に自分の足で「自分の大地に力強く立っている」ことを視覚化し、体感する。

❤オーラルのエッセンスが見える著名人

聖母マリア　ナイチンゲール　マザー・テレサ　中森明菜

3. やりたいことがわからないマゾキスト

マゾキストのトラウマは**自立期**に起因します。自立期とはトイレトレーニングが始まり、好みが顕著になり、単純な単語を2つ以上くっつけて意味のある会話ができるようになる時期で、自立心や好奇心・冒険心が芽生えてきます。

この時期に大切にされるあまり自由な行動を制限されたり、親から干渉されすぎたりすると、「自分の本当にしたいこと」が阻害されます。それが続くと、「親の言うことを聞いていい子にしていれば誉められて愛される」と学んでしまいます。そして、**自分が本当にやりたいことよりも、親が喜ぶこと、自分にしてほしいと望んでいることをするようになり、それが自分だと誤解してしまう**のです。

♧見た目の特徴

がっちりとして丸い背中、重い肩で、筋肉質で圧迫感があり、分厚い印象です。ぽっちゃりして安定感がある雰囲気。X脚。丸顔で、いつもニコニコ明るく快活です。相手に敵意を持っていないことを示そうと無邪気なベビーフェイスを装います。

♧マゾキスト人格が形成された原因

トイレトレーニングが始まり、自我が芽生えてくる自立期（2歳ごろ）に、母親が過剰に可愛がったり、あるいは世話をしすぎたり、干渉することで自由を奪われたことがきっかけです。その怒りを内に溜め込んでいく一方で、「自分のニーズを我慢し、愛する人の

言うとおりにすることが愛される方法である」と誤解し、それがトラウマとなり形成されていきます。具体的には、

- 排泄したい感覚がないのに、母親が「お出かけ前だからトイレに行きましょうね」と排泄を強制し、それができたら「いい子ね」と誉める
- 肉体的な変化を恥ずかしいものと思わされた
- 塗り絵をしているときに母親に「その色は違う」と塗り直させられるなど、本人の自立的な自己表現を軽視、あるいは無視する

このような体験を通じ、他人の喜びを優先するようになります。

しかし、自由を奪われたり、自分自身の本能的衝動を他者（愛する母親）に否定、あるいは抑えられたことによって生まれた怒りが根底にあるため、心の奥底では「絶対に言うことを聞いてやるもんか」というネガティブな思いにしがみつくようになります。

♣ディフェンスの性格パターン

誰とでも仲よくなれるいじられキャラ、愛されキャラで、誰からも「いい人」と言われますが、内側の怒りや悪意を小出しに発散しようと巧妙な形で相手を「ひっかけ」、怒ら

せようとします。ごくまれに激しい怒りが爆発し、手のつけられない状態になることも。愚痴っぽく、いつも何かをぼやいています。面倒くさがりで腰が重く、自分から行動することができない指示待ち症候群も多いです。

何かしようと決めても、実際に行動するまでにとても時間がかかります。怒ると無口になり、固まったように動かなくなります。犠牲的であることに喜びを感じ、自虐的で、自分を貶めることで自己を確立しようとします。

自分に力があることを感じようと、最後の最後ですべてをひっくり返すような行動を取ることがあります。欲しいものを求めることができません。

♣ディフェンスに陥っているときの頭の中の言葉

「あー、やらなければ（犠牲的）」「面倒くさい」

♣ディフェンスを続けることで起きがちな現実の不具合

・人のために自分を犠牲にして一生懸命に頑張る、また奴隷的に我慢しすぎる（いずれ鬱憤が溜まり爆発する）

- 腰が重く面倒臭がりなので、ものごとがなかなか進まない
- 自分で何も決めることができない
- 自分が何をしたいのかがわからない
- 自分の喜びやニーズがわからない
- 相手との適度な距離感がわからず、エネルギー的に侵入しすぎてしまう
- ガン／肥満／脳溢血／アレルギー／喘息／ＥＤ／自覚のないストーカー行為やセクハラ行為

♣人生のテーマ（目的）

創造的に自己を表現すること。

自分の喜びのために自由に行動し、自由に表現すること。

♣マゾキストのエッセンス

大きなハートの持ち主／情け深く、他人の痛みを自分のことのように理解することができる／内側から湧き上がるダイナミックな創造性、芸術性／勤勉で忍耐強い／楽しいことが

大好き／リーダーをサポートする有能な右腕／面倒見がよい／途方もない量のエネルギーをもち、他者に与えることができる

♣エッセンスで生きるポイント

子どもの意識から誰かの喜びを第一にして服従的に生きるのではなく、大人の意識を持ち、自分の喜びを第一として自由に生きることへとシフトする。

- 自分のスペースを大事にする／バウンダリー（境界線）を引く。物理的・エネルギー的につねに母親から侵入されていたため、他者との境界が曖昧で、自分のためのスペースを取ることができません。時間的にも場所的にも自分のスペースを確保し、自分のためにそれを使う訓練をしましょう。
- 自分にも人にも自由を与える。知らず知らずのうちに自分も他人に侵入してしまうので、人に対して過剰なお世話をしようとするのをやめましょう。
- 動く。いい子になって自分のやりたいことを我慢するのをやめ、本当にやってみたいことを自由に表現してみましょう。腰が重く動くまでに時間がかかるので、まずはとにかく体を物理的に動かしてみて、ものごとが流れ出し動き出すのを実際に体感します。

マゾキスト

[いまの状態]

[理想の状態]

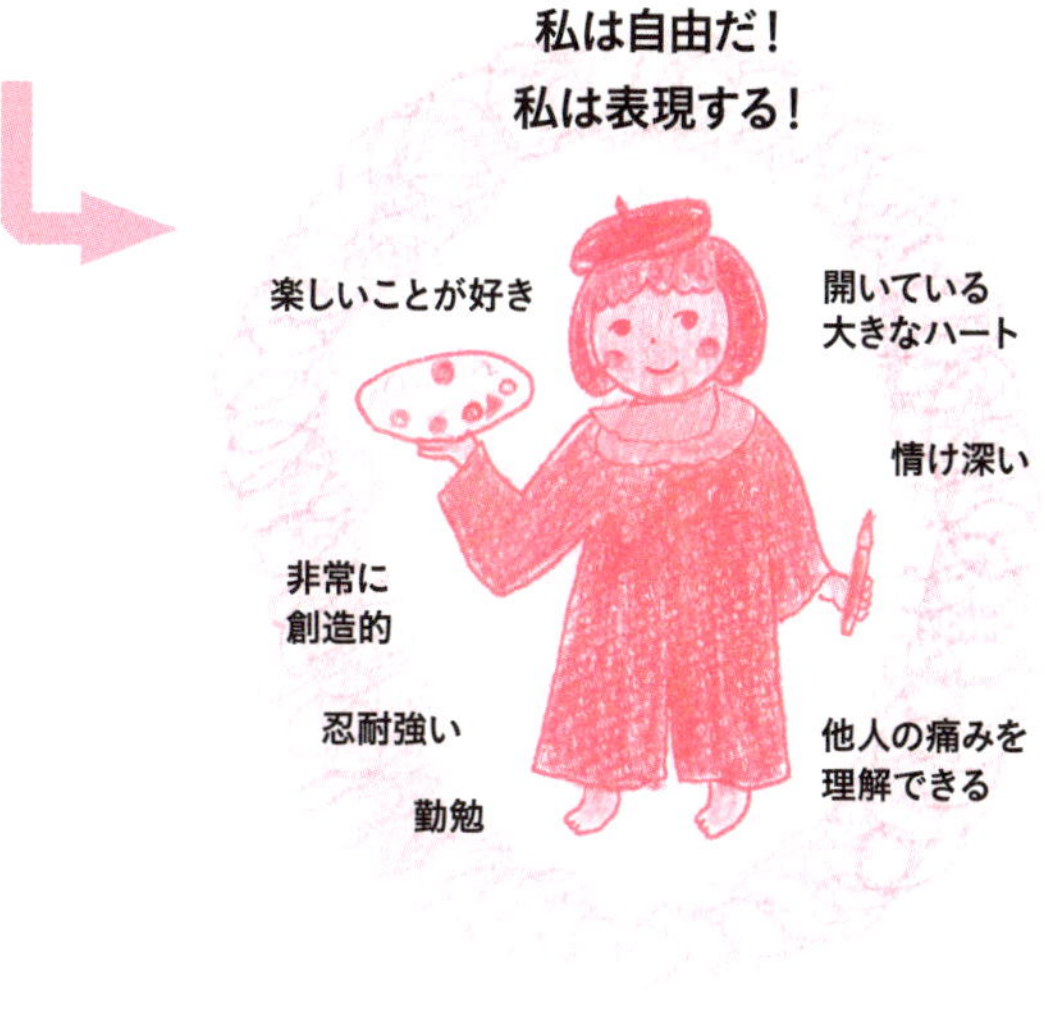

♣マゾキストのエッセンスが見える著名人

マイケル・ムーア　岡本太郎　笑福亭鶴瓶　伊集院光

4. 何を信じていいかわからず、ありのままの自分を認められないサイコパス

サイコパス人格が形成されるのは、**第一次性徴期**のころです。この時期は、異性の親に特別に気に入られたいという欲求が子どもの内側から起こってきます。

しかし、異性の親から最初は愛されるけれども、裏切られたり見捨てられたりした、もしくは、つねにきょうだいなど誰かと比較され、親の愛を競わなくてはならなかった、注目を勝ち取るには特別でなければいけないという環境下に置かれたなどのトラウマが、サイコパスの根本にあります。

そういう状況下に置かれた子どもは、異性の親に愛されて生き残っていくためには、つねに「正しい」「強い場所」に立ち続けなければならないと誤認してしまいます。

自分の内側にある、本当に自分にとって大切な真実、**愛や信頼よりも、いかに認められるか、いかに大切にされるか、それが至高の目的にすり替わってしまう**のがサイコパスのトラウマです。

★見た目の特徴

目力が強く、挑発的あるいは誘惑的な目で相手を見ます。おでこが広かったり、女性はくびれのある砂時計のようなナイスバディの人が多いです。肩と腰が張り出していて、自信にあふれ、威圧的で、キツい印象を人に与えます。俺様／女王様タイプ。

★サイコパス人格が形成された原因

男女の性差に目覚める幼児期に、子どもの意識の狭い視点で「他人より優っていないと愛されない」「裏切られた」と誤解してしまった体験がトラウマとなり形成されます。具体的には、

- 自分を大好きだと言った父親は母親と結婚していることを知り、裏切られたと感じる
- 「これができたら〇〇してあげる」という交換条件を親が出す（＝条件つきの愛）
- 「絵本を読む」など、小さな約束を親に守ってもらえなかった
- きょうだいが生まれ、両親の愛情がより小さい子どものほうに向いた

というような体験を通じ、親への信頼や愛を裏切られた屈辱を感じまいと、周囲の人や環境、できごとをコントロールしようとするようになります。

★ディフェンスの性格パターン

すべてを知っていないと気が済みません。

周囲の状況を自分の思い通りにコントロールしようとするがゆえにつねに臨戦態勢。自分以外は敵だとも思っているので、負けないために気の休まる暇もありません。

基本的にナルシストです。自信満々に見えますが、真の自信は育っていません。深い自己疑念を隠すために虚勢を張り、どんな犠牲を払っても勝たなくてはならないと信じている秘密主義者です。

優位に立つために周りをコントロールしますが、サイコパス以前に形成された人格（スキゾイド、オーラル、マゾキスト）によりその現れ方は異なります。**スキゾイドベースのサイコパスは、人を寄せつけません。オーラルベースのサイコパスは、誘惑的・または従順にふるまうことで相手をコントロールしようとします。マゾキストベースのサイコパスは支配的・威圧的で黙っていても怖い雰囲気**です。

★ディフェンスに陥っているときの頭の中の言葉

「こうでなくてはいけない」「私が正しい」「何がなんでも勝たなくては」「相手にわからせ

なければ」「私は間違っていない」

★ディフェンスを続けることで起きがちな現実の不具合

・一方的に、上からおおいかぶせるように話すため、威圧的な印象を持たれ敬遠される。
・「きっとまた裏切られる」という前提が無意識に態度に表れ、他者の不信感を引き出し、裏切られる現実を自分で作り出してしまう。
・「自分が正しい」という態度に固執し柔軟性がない。
・自分のイメージの世界が正しいと思い込み、「きっと相手はこう思っているだろう」と見当違いな言動や発言をして状況を混乱させる。
・一見自信家に見えるが、つねに劣等感や自信のなさに苛まれる。
・永遠に勝つことのない戦いに挑み続け、消耗しきってしまう。
・相手より優位に立とうとするがあまりに支配的な態度をとり、他者との関係がこじれる。
・常にああでもないこうでもないと考えていることが慢性的な頭痛をもたらす。
・高血圧／心臓病／糖尿病／痛風／燃え尽き症候群／統合失調症／ＰＴＳＤ

★人生のテーマ（目的）

・「特別意識」から自分を解放し、自分も他者も同じひとりの人間であることを感じ、他者の中にそれぞれのコアエッセンスを認め、それを尊重すること。
・自分自身に対する信頼を育てることで他者に対する信頼をも育てること。
・コントロールしようとすることをやめ、自らを世界と宇宙にサレンダーする（明け渡す）ことで、つねに戦場であった頭の中や心に平安を創り出すこと。

★サイコパスのエッセンス

向上心にあふれ、戦略的／統率力／知性／カリスマ性／高潔さ／誠実／率直／正義感／寛容／仲間思いの大きくて広い愛の持ち主／崇高な価値観を持ち、他人をはっとさせることを言う

★エッセンスで生きるポイント

剣を下ろし、戦うことをやめましょう。子どもの意識のまま、理想的な自分になるために終わりなき努力を続けることをやめ、大人の意識からの視点で愛されていることを知り、

サイコパス

［いまの状態］

私ってすごい
私ってキレイ
ナルシスト
私は正しい
あなたは
間違ってる。
女王様気質
仕切り屋さん
まわりはみーんな敵！
（でも勝つのは私）
イケイケ
私の言うことを
お聞きなさい。
挑発的な目
張り出した
肩と腰
くびれたウエスト
エネルギッシュ

［理想の状態］

私は信頼します
私は降伏する
率直
高度に発達した
知性
きわめて高潔で
誠実
崇高な価値観を
掲げる
優しく穏やかで
広くて大きな
愛の持ち主

ありのままで生きる新しいチャレンジにシフトしていきましょう。

・勝手な自分の思い込みやイメージでものごとを決めつけるのをやめましょう。自分の中で妄想を広げていることに気づいたら、それは思い込みであり、現実でも真実でもないことに気づく努力をしましょう。

・特別であり特別でない自分を知る。人と自分を比べ、人より優れている「から」自分を認めるという癖をやめ、ありのままの自分であることを自分に許し、その中に幸せが眠っていることに気づきましょう。

・宇宙を信頼する。つねに頭をフル回転させて状況を思い通りにコントロールしようとすることをやめ、白黒はっきりさせるのではなく「わからないままにしておく」訓練をしましょう。

★サイコパスのエッセンスが見える著名人

ナポレオン・ボナパルト　ジャンヌ・ダルク　忌野清志郎（スキゾイドサイコパス）　尾崎豊（オーラルサイコパス）　堀江貴文（マゾキストサイコパス）　室伏広治（リジットサイコパス）

5. 失敗を恐れて感情を凍りつかせるリジット

リジットの性質は**幼少期から育まれますが、思春期により強く形成されていくこともあります**。

リジットのトラウマは、いま自分が感じている感情が危険だと誤解し、自然な体の反応や感情を止めてしまうこと＝感情を麻痺させることに起因します。

一旦感情の麻痺が起こると、憎しみや嫌悪、憎悪など、人間として自然なはずのネガティブな感情を自分が持っていることに耐えられなくなり、それを止めようとします。感情を止めるには筋肉を硬くし、反応が表に出ないようにしますが、リジットは**ネガティブな感情を感じまいと体を硬くすることで、愛や喜び、幸せをも感じなくなってしまいます**。

いま自分が何をどう感じているのかがわからないので、画一的な答えや反応しかできなくなります。そのため、必然的にリジットの人生は生きづらく、単調でつまらないものとなってしまいます。

♠見た目の特徴

全身の均整が取れていてスタイルはいいが、骨盤を後ろに反らせ、固めているため色気はまったくない。つねにピシッと背筋を伸ばし姿勢がよく、隙がない。上半身は動かさず、足を機械的に動かして歩いているような印象。まじめな優等生タイプ。

♠リジット人格が形成された原因

性に興味を持ち始める生殖器期、また思春期に「性とは恥ずかしくいけないものである」と誤解した体験がトラウマとなり形成されます。厳しく育てられることで、自分の衝動や欲求で動くことはタブーであり、一般論や世間体を気にして生きるようになります。具体的には、

- 家族団らんの時間にテレビでベッドシーンが流れたときの張り詰めた空気感や親の態度
- 性器に興味を持つことを「やめなさい」と怒られる

このような体験を通じ「性（セックス、性衝動）とはいけないもの」「自分の性（セクシャリティ）は恥ずべきもの」と誤解してしまいます。

また、

- 血の通わない無機質なコミュニケーション
- 毎日決まり切ったスケジュールを淡々とこなす

・家庭での厳しい躾、学校の規則
・「あくまでもあなたのため」という親の態度

といった体験でたくさんの「〜ねばならない」「〜すべきだ」が根づき、反抗心や真の怒りをあらわにすることが難しくなり、ルールに沿って適切にふるまうことだけを考えて動くようになります。

♠ディフェンスの性格パターン

きっちりしすぎて隙がなく、「〜ねばならない」「〜すべきだ」にがんじがらめになっています。

「ちゃんと」「きちんと」「しっかり」という言葉がつねに頭を回る完璧主義で、用意周到で、その場のノリや流れで行動することができません。臨機応変・柔軟・融通を利かせるということが理解できず、想定外のことが起きるとパニックになりがちです。

感情や衝動、欲求を凍りつかせているため、感情を感じるということがよくわからず、感情の代わりに理由や意志を口にします。自分を厳しく律しているため、人前で感情をあらわにすることはありません。いつもと同じ、波風の立たない決まりきった毎日を送ることが安全で安心だと思っています。横柄で高飛車になりがちで、他人に対して無神経なところがあります。

♠ディフェンスに陥っているときの頭の中の言葉

「ちゃんと、きちんと」「私は大丈夫」

♠ディフェンスを続けることで起きがちな現実の不具合

- 「私は大丈夫」と人からの提案やサポートを受け取ることができない
- 恋愛はいつも同じ面白味のないパターンしか体験できない
- 想定外のことが起きるとパニックを起こし、ヒステリックに怒り出し周りが引いてしまう
- 折り目正しい変わらぬ毎日、愛もエロスもない生活が一生続く
- 突然狂気めいた考えが頭をよぎる（「階段を降りている目の前の人を突き飛ばしたらどうなるだろう」など）
- 腰痛／パーキンソン病／強迫観念／潔癖性／セックスレス

♠人生のテーマ（目的）

生活の中のすべての行動に感情や思いやりを取り込んでいくこと。
いつも完璧であろうとすることをやめ、本当の自分自身であること。
感情を感じ、表現し、人と分かちあっていくこと。
愛とセクシャリティを結びつけること。

♠リジットのエッセンス

情熱的／リーダーシップ／管理能力／冒険心／忍耐力／献身的／秩序／深く静かに広がる愛の持ち主

♠エッセンスで生きるポイント

子どもの意識のまま、骨盤を固めて感情や欲求を封印していたところから、大人の意識を使って「人間らしさ」を取り戻し、情熱や衝動で生きることを自分に許すことへとシフトしましょう。

・感じる（柔らかさを取り戻す）。体を固めることでセクシャリティを封じ込めてしまっているので、心地よい音楽を流して腰を回したり、体をゆらゆらさせてみましょう。その中で、心地いい感覚、そして心地のよくない感覚もただ感じてみます。その両方の感覚が自分の中にあることを許しましょう。

・「人間らしさ」を取り戻す。「決まったことだから」「普通こうだから」ではなく、グレーゾーンに身を置くことを自分に許す訓練をしましょう。いつも完璧でないといけないという意識を手放し、少しくらい失敗してもいいと自分に許します。人に自分のいいところを言ってもらう「誉めあいのワーク」もおすすめです。

・自分の情熱や衝動に従いましょう。「大丈夫」「ちゃんと」「きちんと」「しっかり」をやめ、湧き上がる情熱や衝動に目を向け、自分の愛を通して世界を見る訓練をします。

♠リジットのエッセンスが見える著名人

マーティン・ルーサー・キング（キング牧師）　明智光秀　逸見政孝　稲田朋美

リジット

[いまの状態]

[理想の状態]

私は愛す
私は貢献する

5つの人格《キャラクトロジー》は玉ねぎの皮のように重なっている

キャラクトロジーは、自分がどれか一つのタイプに当てはめられ、ほかのタイプがまったくないというわけではありません。人間はみんな5つの人格(キャラクトロジー)を持っています。

私たちは、成長の過程において誰もが同じような環境の中で同じようなストレスを感じ、そしてそれに同じようなやり方で対応していきます。そして、誰もが同じようなディフェンスのパターンを身につけ、それがキャラクトロジーの5つの人格となっていきます。

けれど、その混合比率や表に現れる性格と内側に起こってくる性格は、人によって違います。ですから、表に現れた部分だけを見て「これがこの人の人格だ」と思うのは、大きな誤解です。

スキゾイド・オーラル・マゾキストの各人格が形成されるのは、体験を言語化できないほど幼い時代で、これら3つの人格が、**私たちの人格の基本パターン**を成しています。

そしてサイコパス・リジットの2人格は、外側の世界に対してどのように表現し、他者とコミュニケーションを取り関係性を築いていくのかという行動・言動のパターンを成します。

表面に見えてきている人格の下には必ずベースとなるディフェンスタイプがあります。たとえばオーラルベースのサイコパスやスキゾイドベースのサイコパスといったように、人格は複合的に作られます。まるで玉ねぎの皮のように幾層も重なっており、「表面の人格に対して働きかければ傷が癒える」という簡単なことではないのです。

一つの人格の層を抜けたと思ったときにはまた違う人格の層が現れてきます（余談ですが、これがひどくなったものが多重人格であると私は考えています）。

キャラクトロジーを俯瞰するアダルト・エゴ

私たちは成長の過程において、現実の世界に適合しようといくつものキャラクトロジーのパターンを試します。そして、それを繰り返した結果、本当のトラウマは自分の奥深くに押しやられてしまいます。

そして表面的に作り上げた人格によって引き起こされる現実の不具合をなんとかしようと、また新しいキャラクトロジーのパターンを試みます。このようにして私たちの心の中に〝玉ねぎの皮〟ができあがっていくのです。

誰もがキャラクトロジーの5つのパターンを必ず持っているというのはこういうことで、なんとかして現実の生きづらさに対応しようと、複合パターンを作って試すことを何度もチャレンジし続けているのです。

繰り返しますが、あなたが普段見ている、感じている他者や世界に対する認識は、生きてきたすべての集大成であって、外側にある世界の本当の姿ではありません。**人生を通じて身につけてきた無数のフィルターをかけた、独自の歪んだ見方で世界を見ているので、「目の前で起こっていること」と「自分が認識していること」の間にはズレがある**のです。

ゆえに自分を癒していくには、いま、自分が何をしているのかを真に知覚し見分けることが重要です。そのためには、自分自身の内側に「俯瞰する目」を育てる必要があります。

キャラクトロジー心理学では、この俯瞰する目を**アダルトエゴ**と呼んでいます。

ちなみに、自分がディフェンスをしていることに気がつけるのは、アダルトエゴが育ってきている兆しです。私たちは、自分自身を第三者の目で見ながら自己修正をしていく能力(=アダルトエゴ)を自分の内に養っていかなければなりません。そのために、5つのキャラクトロジーとその混合具合を知ることが重要なのです。

みんな5タイプ
すべて持っている

5つのキャラクトロジーを
誰もが持っている

5つのキャラクトロジーを俯瞰する「アダルトエゴ」を育てると、
現実をありのまま認識できる。

5つの人格《キャラクトロジー》の現れ方によって「心のクセ」が決まる

それでは、キャラクトロジーの5タイプがそれぞれどの時点で成育がうまくいかなかったのか、あるいは止まってしまったのかを見てみましょう。

いま何が起こっているのかわからず混乱し、ただ受け取るしかない生後間もない時期についた傷から生まれるのがスキゾイド。

外からの影響を自分の感じ方で表現したものの愛する相手が受け取ってくれなかった、あるいは望むように受け取ってもらえなかったというコミュニケーションミスによって混乱したのがオーラル。

自分が表現したことに愛する相手がどう反応するのかを見て、それを自分がどのように受け取るのかのプロセスにおいて誤解したのがマゾキスト。

愛する相手の反応を感じた上で、どのように外の世界に対してアピールしていくのかを学ぶ時期に経験した傷の痛みから反応したのがサイコパスで、これらすべてのやり取りの中で自分の感情や感覚を凍らせて感じないようにし、自分の内側が動かないように固め、決まり切った対応をするようになるのがリジットです。

つまり、それぞれのキャラクトロジーが持っている傷と、その割合、現れ方によって、現実の世界でのあなたの考え方や「心のクセ」が変わってきます。そしてこの「心のクセ」が生きづらさの原因です。ゆえに、5つのキャラクトロジー＝自分の傷を癒していくときには、どのプロセスで自分が引っかかっているのか、どのポイントでうまくいっていないのかについて、きちんと見ていく必要があるのです。

とはいえ、人がたった5つの人格の現れ方で分類分けされるなんてありえないと思う方はたくさんいらっしゃるでしょう。もちろん私たち人間は、それぞれひとりひとり違う、オリジナルな光り輝く存在であり、本来は分類分けできるはずがないのです。

それなのに私たちは、実際には5つのパターン、あるいはその複合型でしか現実の世界のできごとに対応できません。

それがいかにおかしなことであるのか、その違和感に気づける人は変化への鍵を手にすることができます。

あなたが「私はこれこれこういう人でこれが私の性格です。私はこうやって生きてきたから、これが自分なのです」と信じ込めば信じ込むほど、あなたは自分の周りに「これが私」という壁を作り続け、その壁の内側に閉じこもっていきます。

心のクセ＝キャラクトロジーのディフェンスを知って選択を変えれば人生は好転する

私たちには、第1章で説明したディフェンスがつねに働きます。

大切なのは、まずはディフェンスが働いていると気づくこと。その上で**ハイヤーセルフ**を選ぶことです。

何かを選ぶとき、「いま、この瞬間『愛』を選ぼうとしているかどうか」を自分に問うことは、正しい道（ハイヤーセルフ）を選ぶことにつながります。ただし、**相手にとっての愛を一番に選ぶとロウアーセルフを選ぶことになるので細心の注意が必要**です。

選択のとき、一番に大事なのは自己愛、自分への愛です。自分への愛・相手への愛・世界への愛の中で、自分の体に近いほうから愛を選ぶ必要があるのです。

ゆえに、自分自身にとって**その選択は心地いいかどうか？　自分にとって喜びや幸せを**

真に創造する方向なのかどうか？　それらのことを、まずは考えてください。

次に、**自分にとっての愛が結果的に他者にとってもいいことであるかどうか、他者にとってもＹｅｓであるかどうか**を見てみてください。

つまり、自分にとってはすごく都合のいいことであっても、相手にとっては痛みのあることだったり、相手を傷つけることだったりする場合、相手にとってもＹｅｓである別の方向を探すことが大切です。

私たちは、自分以外の他者が傷ついている姿を見ると、自分自身も傷ついてしまうのです。自分と相手にとってＹｅｓである方向を見つけたら、さらにそれが社会や世界にとってもＹｅｓであるかどうかを見極めてください。

たとえば男女の恋愛関係において、相手が「もっと自分を大切にしてほしい、自分のことを一番に考えてほしい」と言ってきたとき、相手の気持ちを汲んでそのまま受け入れることを苦痛だと感じるならば、Ｙｅｓと答えるのを少し待ってみるのです。

そして「なぜ自分は愛するパートナーのことを一番に考え、尊重できないのか？」と、考えましょう。自分の中に、相手を愛すること、尊重することに関してなんらかの傷があるのではないかと自分自身を疑い、自分の内側に入り、探っていきます。

そして、もしも自分の中に、愛されることや尊重してもらうことに対する、子どものころにできた誤認の傷を見つけたら、誤認を書き換えるために〝いま、ここ〟の真実へと自分を開いていきます。

このとき、すぐにパートナーに対して自分を開くのではなく、傷を癒すことが先決です。自分がこんな誤解をしていたのだと気づき、愛する人に尊重してもらえない痛みを知ることができたときにはじめて、愛するパートナーの痛みをも理解することができます。そうすることで双方の痛みの場所で真にパートナーと触れあうことができ、結果的に愛を選ぶこととなるのです。このように、ハイヤーセルフを選ぶとき、まず自分に意識を向けるのは何よりも大切なことです。

人間の究極の目的は、他者の助けとなることです。だからこそ私たちは子どものためになんでもできるし、愛する人のためにすべてを失っても惜しくはないという気持ちにもなれるのです。けれども、他者への愛が自分自身への愛よりも勝ってしまうとき、私たちは自分と他者の間に葛藤を作りだし、その葛藤ゆえにまた自分を引き裂くことになってしまいます。

Column

キャラクトロジー心理学を学ぶと、進むべき方向が見えるようになる

真にハイヤーセルフを選ぶということは、いままで見たことのない方向に目を向け、そこにあるものを取り入れチャレンジしてみるということです。

それは、未知のまっさらなところに向かって手を伸ばすということです。今日のあなたの成功は、成し遂げた瞬間、すでに過去のものになります。今日作り上げた創造物は、明日にはもう古い創造物となるのです。それこそが「いま、ここ」にい続ける意識です。

過去の栄光や過去にできたこと、あるいは過去にできなかったことにこだわり続け、執着し続けている限り、そこに予期せぬ未来は存在しません。「ああ、またこのパターンか」という、予期できる未来しか創造できないのです。

あなたがハイヤーセルフを選び続けることができるとするならば、変わらず続く毎日が、

まったく新しい、冒険に富んだ、つねに未知の世界が目の前に広がっているような現実へと変容します。それがどんなものなのか、私の体験をお話ししますね。

自分自身の内側に降りていき、いまこの瞬間に目を向けるという練習をしていたときのことです。

突然に、目の前に広がっていくこの現実の世界が一変したことがありました。

それまでの現実が、古いモノクロの映写機で毎日同じストーリーを見ているようなものだとするならば、その瞬間からは、最新式のハンディカムで自由自在にズームしたり望遠したりしながら撮影したようなフルカラーの、鮮やかな世界に変わったのです。

これまでと同じ肉体でこれまでと同じ時間を過ごしているのに、当たり前だと思っていた空の青さに感動し、海の広さに心打たれ、花の美しさに涙し、虫や動物の完璧な姿や自然な営みの中に自然のバランスの絶妙さを感じ、この世界のありとあらゆるところに、ありとあらゆる物質の中に、そしてすべての人の中に、愛のきらめきを見ることができたのです。

それはあまりにも強烈で感動的な光景でした。

けれども一旦開いたその知覚はあっという間に閉じてしまい、私の現実は、またいつものモノクロームの映写機の世界に戻ってしまいました。

けれどもこの体験は、この世界は本当は、いま目に見えているような世界ではないと知るには十分なものでした。私は全身の細胞で本当の世界を味わい、感じきっていたので、いつもと変わらぬ毎日がまたモノクロの映写機で始まっているということに違和感を覚えました。

新しい可能性に自分を開くことで、人生の道筋が変わる

もうおわかりでしょうか？　ハイヤーセルフを選ぶというのは、もっと大きな視点を持って自分の言動や行動を見てみるということです。自分のいまの言動や行動が、本当に自分を幸せにするのかどうか。いつものようにすることが本当にいま選択できる唯一の道なのかどうか。そう考えているとき、私たちはいつもより大きな視点を持ち、自分にグラウンディングし、自分の内側の感覚にコンタクトしながら自分の言動や行動を見ています。

ハイヤーセルフを選ぶには、自分を俯瞰する目と、自分のいつもの行動を好奇心を持って見る目が必要です。そして、「それって本当だろうか」と、いい意味で自分を疑ってかかることです。そうすることで、あなたの心は成熟し、いままで見えなかった新しい道が見えてきます。

成熟するとは、「感情をありのままに感じることを自分に許すことができ、それを安全に感じることもできる」ということです。つまり、自分自身を上手に取り扱えるようになっていなければなりません。

子どものうちは、自分の感情や起こっていることを上手に取り扱うことができないために泣いたり怒ったり騒いだりしてしまいますが、大人になるにつれ、自分の中にどんな感情があったとしても自分は安全だということを理解していられるようになります。

ですので、「感情を感じまい」としている自分や、いま起こっていることのすべてもありのままに受け入れ、真に何が起こっているのか見つめようとする姿勢そのものが、ハイヤーセルフを選ぶということです。

逆に、もしもいま起こっていることに対してパニックになり、感情的反応を起こし、「もう何もかも嫌だ」と責任を誰かに肩代わりしてもらおうとしているうちは、たとえ大人と呼ばれる年齢であったとしても、心は子どものままなのだということです。

本来は、体が成長していくその過程で心も一緒に成長していくべきです。体の成長と心の成長のバランスが取れると、人生も格段に居心地よく生きやすくなります。それは幼少期だけの話ではなく、たとえば女性が妊娠し、出産して育児をしていくとき、自分の体の変化に心が対処することができないと、体と心のバランスがくずれてしまいます。これがいわゆるマタニティーブルーや産後鬱の状態です。これは体の変化に心がついていけず、体と心のバランスが崩れてしまった結果ですが、実は私たちは、大きな意味で、いつもこの体と心の成長のバランスが取れていない状況にあります――それがロウアーセルフの感情的反応を起こし続けている状態です。

けれど、ハイヤーセルフを選ぶことができれば現実は極彩色の、美しい現実に変わります。

実際、私も前述した体験をしてから、より意識的に新しいチャレンジをするようになりました。そしていま、私の現実は極彩色に彩られていると感じています。

ハイヤーセルフを選び続ける限り、人生に限界はありません。

私たち人間の進化や成長に限界がないのと同じように、私たちの現実はつねに自由に流動的に、どのようにでも変化しうるのです。あなたがロウアーセルフに気づき、それをやめ、ハイヤーセルフを選ぶことができれば、未来は無限に広がっていきます。

第3章　キャラクトロジー別　心の傷《トラウマ》の癒し方

「生きづらい」を解消するにはキャラクトロジーの癒し方を知ろう

私たちが「生きづらい」と感じるとき、それはあなたのディフェンスを通じて見る現実が歪んでいるからです。その奥底には必ず原初のトラウマ、覚えていないほどの子どものころについた傷があります。

本来、私たちは生きづらさを感じるために生まれてきたわけではありません。いきいきと、のびやかに果たすべき目的と使命をこなしていくために生まれてきたのです。

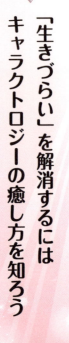

そのためには自分の中で「こうなりたい」「こうありたい」というビジョンを持って目的や使命をこなしていかなければなりません。

でも、それを邪魔するのがディフェンスです。人それぞれ陥りやすいディフェンスのパターンがあり、ネガティブに出るのがロウアーセルフ、ポジティブに出るのがハイヤーセルフであるということも、ここまでで私たちは学んできました。

また、インナーマインドのそれぞれの階層ごとに、あなた独自のキャラクトロジーパターンがあります。ですから、自分はどの階層でどのパターンが出るのかを知り、それに対応していくと、自分だけの癒しの道筋が自ずと見えてきます。

ゆえに、自分のトリガーポイントやトラウマを知り、キャラクトロジーをスケールとして自分自身に適用してみることで、あなたが生まれた本当の目的と使命をより早く、より効果的にクリアにしていくことができます。

キャラクトロジー分析に基づいて「生きづらさ」を解消することは、本当の自分の感情や感覚、本当の愛に近づく一歩となり、内面的成長と癒しを促します。

感情的反応に囚われないための5つのポイント

では、自分で自分を癒すためにディフェンスの感情的反応を超えていく、そのポイントを詳しくお話ししますね。

現実の世界で起こってくる怒りや悲しみの下には、必ず自分が満たされないと信じていたニーズがあります。

そのニーズは叶わないと信じているがゆえに実際に欲しいものが手に入らず、それが葛藤となり、感情的反応が起こります。そして些細なトリガーによりたやすく大きな怒りや悲しみに変化し、私たちは容易にそこに巻き込まれていきます。

ですから、私たちはまず気づき、そして癒す必要があります。この癒しの行程は、おおまかに次の5つに分けることができます。

1.【気づく】トラウマに気づく

まずは自分の反応に気づいていく必要があります。自分が何かに反応していると気づいたら、それが**感情的反応**であると認識することが第一歩です。

感情的反応が起こっているときは思考も肉体も感情もぐちゃぐちゃな状態になっていて、私たちはたやすくそこに巻き込まれてしまいます。そして、それが自分だと誤認し、深く落ち込み傷つくことになってしまうのです。

その結果、いつものパターン「なんで私ってこうなんだろう」「こんな人生、もう嫌」に陥っていきます。そこに行かないための新しい選択をしてください。「これは、単純に感情的反応に巻き込まれている状態だな」と認識し、その下には必ずトラウマがあることを思い出してください。

そしてトラウマの近辺には必ず子どものときの本当のニーズが隠されていますので、そのニーズはなんだろうかと好奇心を持ってみてください。

2.【気づく】歪んだ認識＝イメージに気づく

これは感情的反応だと気づき、トラウマの下のニーズに気づいていきます。そのように自分の内側に降りていこうとする過程で気がついてほしいのは、思考がぐるぐると行ったり来たりしている状態になっていないか、ということです。「これはいい」「これはダメ」「あれは間違っていた」「あれは正しかった」「私はどうしたらよかったのだろう」「自分が悪かった」「相手が悪い」などというジャッジメントにはまっているとしたら、あなたはイメージに囚われています。「イメージに囚われた状態だ」と認識してください。

3.【気づく】子どもの部分に気づく

また、イメージやジャッジメントの下に、感情的で爆発的な波がある場所があります。私たちはそこに降りていくこと、それに触れることを強く恐れます。

けれども、大事なのは、その感情は、荒れ狂っているあなたの子どもの部分であるということです。そしてその荒れ狂う葛藤はいまのあなたではないということです。そこを理解してください。

この物理的世界において、私たちの現実は「義務」や「責任」、「仕事」や「達成」というものを象徴しています。

一方で、私たちの内なる本質が求めているのは「平和」「幸福」「祝福」「光」「喜び」であることも思い出しましょう。私たちは、自分の内側で求めているものと外側にある現実との間に葛藤が生まれ、苦しむのです。

そして、あなたの爆発する感情のもっと下、さらに奥にある本当の自分自身を求めて、ここでの自分のトラウマはなんだったのか、子どものときの本当のニーズはなんだったのかを探しにいきましょう。

4.【理解する】真実を理解する

トラウマを見据えて、子どものときの体験（シーン）を思い出したら、その周りにある真実へと目を向け、気づいていきましょう。

「お父さんが悪い」「お母さんが悪い」。つまり「自分は悪くない」という子どもの視点からの無責任な場所にいる自分を見つけて「大人の意識」で、本当にそこで起こっていたこと、真実を求めて周りを見渡してみてください。

たとえば「お母さんが忙しく、いつも背中しか見えなくて全然こっちを振り向いてくれないし自分をかまってくれない」というシーンが見えていたら、「大人の意識」を持ってそのシーンを見渡してみましょう。そうすれば、自分の年齢が、思ったことを言葉にするにはあまりにも小さすぎた、あるいはお母さんの背中を見ていろいろなことを話したかったけれど、自分が具体的にお母さんに声をかけなかった、などといった「真実」に気がつくはずです。

「自分は悪くない」という子どもの意識の無責任な場所から、自己責任を取ってその場の真実を理解できるポイントへと意識を向けるのです。

5.【受け入れる】真実を受け入れる

広い目を持って多角的に見れば見るほど、トラウマにまつわるその瞬間の真実とは、本当にどうすることもできなかったのだという現実を目の当たりにすることとなります。

「いまのあなた」が大人の意識を持って「ああ、これは本当に仕方がなかったのだな」と真実を知り、無責任で身勝手な、子どもの一方的な視野からしか見ていなかった〝真実〟の側面を理解しましょう。

そしてさらに、大いなる視点で自らの子どもの意識を諭《さと》していくことにより、受け入れ難かったその傷のシーンをありのままに受け入れ、溶かしていくことができるのです。

キャラクトロジー早見表で自分の心のクセを把握しよう

また、傷を癒やすには自分の状態を正しく把握する必要があります。なぜなら、前にも述べたように人間は誰しも5つのキャラクトロジーのすべてを持っていて、診断で表面に現れたほかにも複合的に絡みあっているからです。

そこで、あなたのキャラクトロジーの現状を把握しましょう。

次ページの早見表は、複雑に絡みあうキャラクトロジーを一覧にしたものです。

自分は診断で出た一つのキャラクトロジーだけで十分なのか、それともほかにも絡んできているか、早見表で確かめてください。

一番簡単な確認方法は、早見表の「頭の中のおしゃべり」の部分と、自分の言動を照らしあわせることです。生活している中で困った問題に行き当たったとき（困っていないと

マゾキスト：妄想族	サイコパス：狂想族	リジット：幻想族
マゾ・偏執狂（自立期 2歳頃） 過剰に愛された子供	精神異常・攻撃性（幼児期） 条件付きで愛された子供	硬直・強迫神経症（生殖器期 思春期再発） 厳しく躾けられた子供
過剰にお世話された	裏切り／辱められた	適切でない／愛がない／セクシャリティ
がっしり／太め／筋肉質／分厚い／ベビーフェイス／ギュッと圧縮されたような圧迫感／丸っこい／安定感 	くびれたウエスト／張り出した肩と腰／支配するような挑発的な目つき／ 前髪がM字型／おでこが広い 	スタイルがいい／均整・調和がとれている／固く動かない骨盤／カクカクした不自然な動き／完璧 
自分が本当にしたいことがわからない	何を信じていいかわからない	何が正しい振る舞いなのかわからない
いつもニコニコ／人に頼まれたことは何でもやる／グチやぼやきが多い	会話の主導権を握る／秘密主義／戦略的に指図する／小グループを作っていく	常にちゃんと、きちんと／急な変更にパニック／当たり障りなく対応
自分のやりたいことが分からない （結果）なかなか動けない	いつも、間違っているんじゃないか？と自分に確信が持てない （結果）人も自分も信じられない	自分の感情や人の気持ちが分からない （結果）現実感がない
○○しなくちゃ（犠牲的）。あー でも面倒くさい。あー でもやらなくちゃ。あー でも面倒くさい…のエンドレス	こうされたら（言われたら）こう返そう、こう返ってきたら、こう（言い）返してやるえ、それ私やってない。私間違ってない。絶対間違ってない	ちゃんと、きちんと／はい…でも… 間違わないようにしなくちゃ！
あなたの喜びが私の喜び／あなたが傷つける前に自分で自分を傷つける	私は正しい／私を信じなさい	何も問題ありません／何も必要としていません／私はできる
困らせてやる、ほら、怒ってみろ！	私は特別／私は正しくて、お前は間違っている	私は愛さない
自分より人の喜びが優先⇒怒りや欲求不満が溜る⇒太る／自虐⇒イライラ⇒ひっかけて怒る／オタク／ガン／脳溢血	企業戦士からの燃えつき／高血圧／心臓病／糖尿病／痛風／ PTSD ／統合失調症	折り目正しい変わらぬ毎日／愛とエロスのない生活／パーキンソン病／潔癖症
私は自由だ！／私は表現する！	私は降伏する／私は信頼する／私は手放す	私は愛する／私は献身する
開いている大きなハート／他人の痛みを理解できる／情け深い／非常に創造的／楽しいことが好き／忍耐強い／勤勉	極めて高潔で誠実／崇高な価値観を掲げる／率直／高度に発達した知性／優しく穏やかで、広くて大きな愛の持ち主	情熱的／リーダーシップ／冒険心／秩序／献身／忍耐力／明晰さ
自由に表現する	信頼・信じる	愛や感情を感じる

キャラクトロジー早見表

	スキゾイド：夢想族	オーラル：被害妄想族
	分裂・パニック（出生以前～6ヶ月） 嫌われた子供	口唇・鬱（授乳期 0～1歳半まで） 見捨てられた子供
傷となる出来事	敵意／分離不安／孤立・孤独	認めてもらえない／受け取れない
身体的特徴 外見	細長くひょろひょろ／おどおど／関節が弱くてバラバラ／ボーッとしている／落ち着きがない／目が虚ろ／バランスが悪い 	胸が薄い／弱々しい／痩せていてチャージ不足／腕がだらんとしている／目がうるうる／受け口／出っ歯 
混乱パターン	何が問題なのかわからない	どうしたらいいのかわからない
コミュニケーション	いつもここにいない／話しかけても聞いていないような心もとなさ	おしゃべり／物欲しそうな目／メールが長い／長電話
性格パターン	夢や理想はあるのに現実化できない （結果）いつもふらふらしている	心とは裏腹な態度をしてしまう （結果）欲しいものが手に入らない
頭の中のおしゃべり・口ぐせ	この世界は危険だ／物質世界なんて世俗的すぎて嫌だ／ここは私がいるべき場所じゃない気がする／ここにいたくない	やっぱり私ってだめだめ…あの人だけいいなぁ…私にはできない…もっと頑張らなきゃダメなのに…〇〇がないの…ない…ない…
マスクの態度	あんたが無視するより先に、私があんたを拒絶してやる	私は何も求めていないし、何も必要ではない／感謝しなきゃ！
ロウアーセルフの声	お前も消してやる／あんたも存在していない	私の世話をしなさい。それが当然の義務なんだから
ディフェンスからの将来予想	引っ越しや不意の移動など多数／人生に辛苦が突然降ってくる／禿げる／認知症になる	最初はよくても次第にジリ貧になる／左遷、リストラされる／鬱や躁鬱になりやすい／依存体質⇒いずれ寝たきり
ハイヤーセルフ －良心－	私は存在する権利がある／私は存在する／私は生きる／私はいま、ここにいる	私は十分に受け取り、豊かさで満たされている／私はあなたを許します／私はニーズを満たす権利がある／愛したい
エッセンス ハイヤーセルフ／コアの持つ特性	創造的で豊かな想像力／サイキックな能力／直観力／夢と憧れ	優しさ／慈愛／繊細な感受性／天性の教育者／明快さ
キーワード	安心・安全	満たされる・認められる

きでも)の、自分の口癖や頭の中の思考などに目を向けてみましょう。そして早見表を使って自分がどの位置にいるのかを見つけてください。

見つけたら、ありのままを受け入れます。また、自分がその場所にいることを受け入れられないなら、「自分は受け入れることができない」ことを受け入れてみてください。

そういう自己評価を繰り返して自分自身の傷やエッセンスに向きあうとき、私たちは自然とハイヤーセルフを選択しています。内なる自分に向かって手を伸ばしていく選択と行動は、これまで繰り返していたディフェンスをやめ、ベクトルを変えることと同義です。

「自分とは何者なのか?」「自分の本当の望みはなんなのか?」「自分が自分のためにできる最高最善はなんなのか?」それらを見つけに内側へと意識を向けてください。そして何より、自分の不完全さを受け入れてください。自分自身の不完全さを受け入れることができれば、あなたの傷を作ってしまった自分の親も、友人も、すべての他者もまた不完全であるということを理解していくことができます。

キャラクトロジー早見表はほかの人のキャラクトロジーを把握するのにも有効です。外見的特徴、口ぐせなどで、ある程度相手のキャラクトロジーが予測できますので、コミュニケーションに役立てることも可能です。

インナーマインドマップで「問題になっているトラウマ」が見えてくる

また、いまの自分の心の状態から、インナーマインドマップのどこにいるかを知ることもできます。早見表と合わせて活用すると、あなたのいる場所がより確かになるでしょう。

「ネガティブな思考に取り憑かれて、頭の中をぐるぐる回ってそこから離れられない（＝ぐるぐる思考に陥っている）……【イメージ】にいます。

「何も感じないし、何も思い出せない」……【マスク】にいます。

「『自分が悪い』or『相手や社会が悪い』と思う」……【ジャッジメント】にいます。

「ひどく感情的になって怒ったり悲しんだりする衝動を止められない」……【子どもの意識のロウアーセルフ】にいます。

「あのとき誰かが○○してくれなかったから（＝誰かに○○してほしかった）」「あのと

き誰も助けてくれなかったから（＝誰かに助けてもらいたかった）」……【偽物のニーズ】にいます。

「自分で何かをすることができない」「ほかの人からしてもらわなければできない」という自分ではどうすることもできない外的環境要因も含めてありのままに受け入れたとき、【隠された本当のニーズ】に気がつくことができます。

こうして自分のいる場所を把握したら次に大切なのは、自己成長のためのステップを学ぶことです。自分で本物のニーズを満たしたそのあとに、自分の内側から現れてくる本来の性質である【エッセンス】を受け入れたとき、いままで自分が信じていた現実がまったく違うものに変わっていきます。

キャラクトロジー別落とし穴ポイント

誰もが5つのキャラクトロジーのネガティブな部分とポジティブな部分を持ちあわせていますが、特に人それぞれ〝お気に入り〟のディフェンスがあります。インナーマインドマップの中で各ディフェンスが陥りやすいポイントを知っておくことは、自分に気づき、理解し、受け入れるためにとても有効です。

リジットのディフェンスが強めのときは【マスク】の領域で、サイコパスが強いときは【イメージ】の領域でぐるぐるしています。

マゾキストのディフェンスが強めのときには【ジャッジメント】に引っかかりやすい状態です。

オーラルが強いと「どちらか一方しか選べない（＝分離）→どちらも選べない（＝あきらめ、無力感）」という【子どもの意識のロウアーセルフ】にとどまり続け、自分をコントロールできなくなりがちです。

スキゾイドのディフェンスが強く出ると【傷】に陥り、現実にまったく対応できなくなってしまいます。

インナーマインドマップ

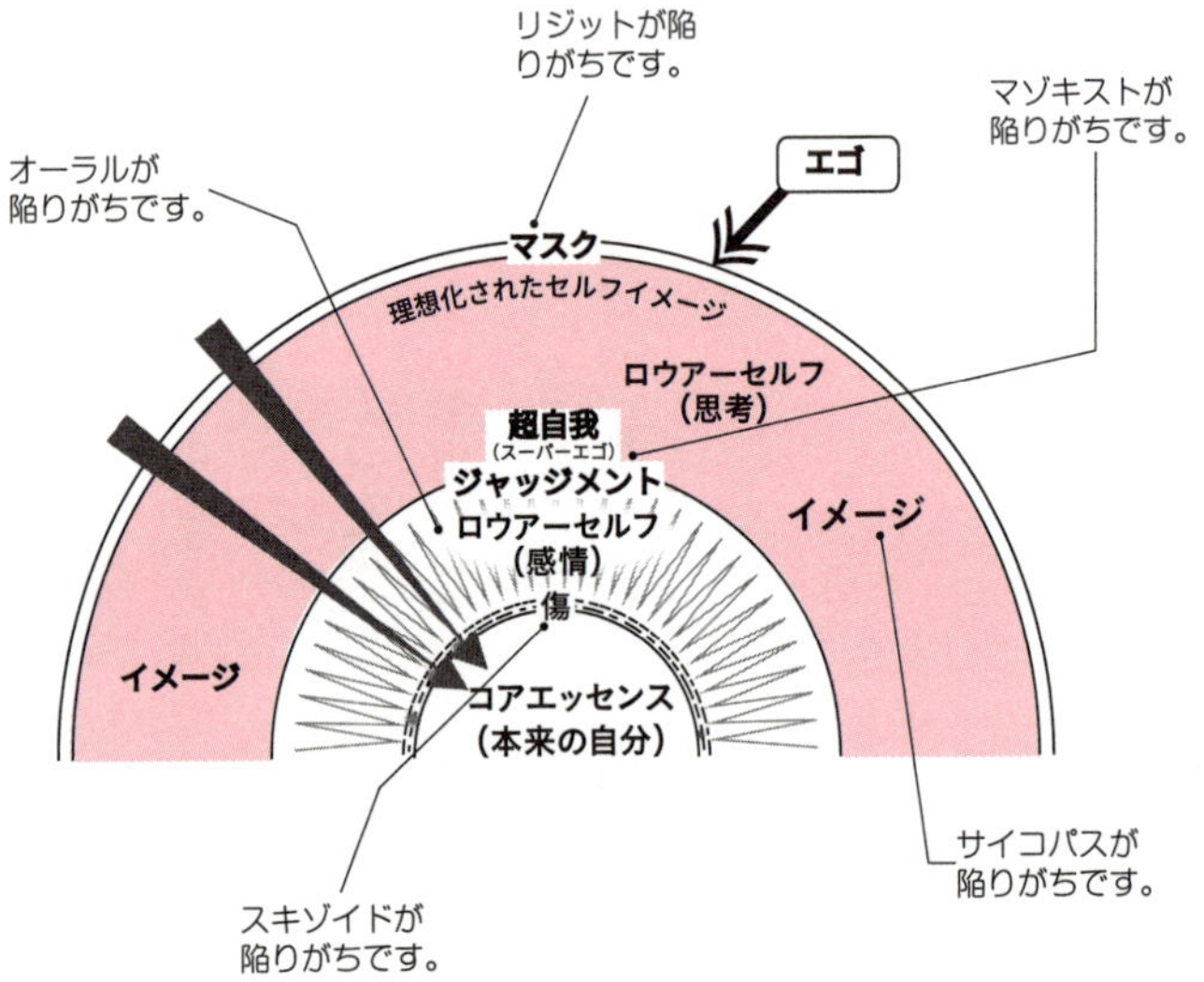

インナーマインドマップの見方

インナーマインドマップの場所	状　態
マスク	**・私たちが作り上げていく「外的自己」「理想的な自己像」** **・現実世界で起こってきたできごとや事象に対して「こうしたほうがより受け入れられる」と学び、作り上げてきた偽りの自己** ❖マスクは、エッセンスに似せて作られます。その人のエッセンスが“真の安らぎ”である場合、「何が起こっても私は大丈夫」という偽りのマスクを作り出します。 エッセンスが“本当の愛”である場合、成長過程の中で得てきた歪んだ愛や誤解された愛の情報から、「きっとこれが愛であろう」というマスクを作り、被り続けます。 私たちは、生き延びるために本来の自己とは似ても似つかぬマスクを成長させます。そしてマスクこそが本当の自分であると誤解したり、マスクの自分が人生の本来の目的であったと誤認をしたりします。ゆえに現実がうまくいかなくなるのです。
イメージ	**・私たちがこれまでの人生で見聞きしたすべて** **・「理想的な自己像」であるマスクを形作るセルフイメージを支えている** **・世界に対する歪んだ感じ方や考え方、「世界とはこのようなものである」と学び信じてきたすべてから成り立つ** ❖私たちは、イメージをつなぎあわせて現実世界での生き方を選びます。そしてイメージに囚われて、自分自身の本来の姿や目的を見失っていきます。イメージに囚われていると気づいたら、外から眺める=俯瞰する目を持つ必要があります。 イメージには、邪魔になるイメージと邪魔にならないイメージがあります。 邪魔になるイメージとは、「私はダメだ」「何をやってもうまくいかない」というようなネガティブな考えのこと。邪魔にならないイメージとは、「いままでずっとうまくいってきたからとこれからもうまくいく」というようなポジティブな考えです。 ポジティブなイメージは生きるには有効ですが、自分を癒すにつれて必要なくなっていきます。本来の自分を取り戻す過程で自分のパワーに気づけるからです。
超自我のジャッジメント	**・肉体の反応に近く、無意識から発せられる危険信号** **・子どものころに聞いた親からの声がベースとなった、抑止や警告** **・内在化された親の声** **・肉体的反応と同化しているため、意識しなければ私たちの行動のすべてを司る** ❖超自我のジャッジメントは親の抑止や警告をベースにしているため、まともに聞くと胸が痛くなります。「お前は馬鹿だ」「だからお前はダメなのだ」というようなひどい言葉で、私たちの身体的反応や行動を瞬時に止める強さを持っているからです。対処法はただ一つ、その声を信じないことです。ジャッジメントを選ばず、自分自身に愛を与えてください。「私は愛されている」「そんなにひどく言わなくてもいいじゃない」など、ジャッジメントの言葉を信じないために有効な言葉を探してみてください。 一方で、ジャッジメントは道しるべとしても使えます。ジャッジメントの声が強くなるということは、傷の方向に向かっているということだからです。傷の下には必ずあなたのエッセンスがあります。
子どもの感情の領域	**・子どものころに感じたどうにもならない感情** **・感情的感情** **・ロウアーセルフ** ❖無力な子どもだったころの感情です。トラウマの近くには必ずあります。
コアエッセンス	本当の自分自身のよい性質。本来の自己。

傷の癒し方の具体例

さて、ここまでで癒しの道程についてお話ししました。ここで、癒し方の具体例をお話しします。

以下は、私があるクライアントとのセッションを通して遭遇したトラウマと、それを癒したプロセスです。

人の顔を覚えるのが苦手で、恋人の顔が思い出せなかったAさん

Aさんは人の顔を覚えるのが苦手で、恋人でさえ「あれ、彼はどんな顔をしていたっけ」と思ってしまうことがよくありました。彼女は、それを都合よく「私は面食いじゃない」「人間は顔ではなく心」「顔ではなく内なる心の部分を求める私ってなんていい人」と思い込んでいたので、そう気にせずに過ごしていました。

でも、やがて「なぜ私はこの人のことを好きなのかわからない」という感覚に陥るようになり、結局うまくいかなくなって別れるというパターンを繰り返していたのです。

特に相手から愛されれば愛されるほど「顔も見たくないほど嫌」という気持ちになっていくので、顔が好きでつきあっているわけではないのになぜ顔も見たくなるほど嫌になる

のかと、そこが不思議だったそうです。

癒しのプロセス

Aさんに対して癒しのワークを行ないました。そうすると

①【トラウマに気づく】子どものころのトラウマの場所はどんなシーンだろうかと好奇心を持って内側に降りていったAさんが見たのは、お父さんに抱きかかえられているまだ本当に小さな赤ちゃんのAさん自身でした。お父さんはAさんのわきに手を入れて抱っこし、嬉しそうに顔を寄せてくるのだけれど、喫煙者のお父さんが煙草くさくて思わず顔を背けたというシーンです。

②【子どもの部分に気づく】「お父さんのことを愛しているという感覚と煙草の匂いが「嫌」という感覚の両方を持ったその瞬間、自分の中に大きな葛藤が起こっていたことに気づく。

③【真実を理解する】この傷を癒すにあたり、Aさんは「煙草の匂いが嫌だ」という感覚と「お父さんを愛している」という感覚を自分の中できれいに分ける必要がありました。

それをしたあとは、恋人の顔を思い出せないということはなくなり、好きな人に対して「嫌」という、いわゆるツンデレな態度を取らなくなりました。

④【真実を受け入れる】 また、Aさんは私がワークした当時は煙草が手放せず、そのことも悩みの一つでした。

実はそれは、「大好きなお父さんを嫌だと思う自分はダメだ」「だから私はダメな私にならなければならない」という誤解からでした。煙草を吸って自分を汚し、お父さんと同じ状況にすることで、お父さんに対して「ごめんね」を言っていたのです。けれど真実を受け入れ傷を癒したあとくらいから、Aさんは煙草を吸わなくなっていきました。

キャラクトロジー別・癒しの方程式

ここまでで自分のキャラクトロジーのディフェンスパターンがわかったら、次にキャラクトロジー別の陥りやすい状態と、癒し方についてもご紹介しましょう。

それぞれのキャラクターには癒しの方程式が存在します。

私の体験した具体例を通じて、それぞれのキャラクターの癒し方をつかんでいただければと思います。

1. リジットの癒しの方程式　マスクを溶かして感情を感じる

［どんな感情も許して感じる］＋［こだわりを手放す］＋［衝動に従う］

＝［理想像］パッションと愛にあふれる熱きリーダー

リジットは自分の感情を許し、マスクをはずすことで本来のリーダーシップに満ちた自分になれます。

マスクをかけていると、自分が感じていることがまったくわかりません。「いま、何を感じている？」と尋ねても、返ってくる答えは感情ではなく「思考」なのですが、本人はそれを感情だと思っています。

マスクをかけているというのがどんな感じなのか、私の経験をお話しますね。

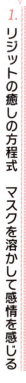

若いころ、5、6年つきあっていた恋人に浮気されたことがありました。

あるとき、その浮気相手の女友達と街でばったり会ったとき、私は彼女からひどい言葉で罵《ののし》られたのです。そのとき私の頭の中は「なぜこの人は私にこんなことを言っているのだろう？」というクエスチョンでいっぱいで、「なぜあなたはそんなことを言うの？」といたって普通の、平静な声で答えただけでした。その瞬間私の内側は凍りついて何も感じず、頭は真っ白でした。そして、そんな状況下にあっても、極めて「普通」でした。

当時の私の口癖は「何かあったら言ってくださいね、直しますから」というもので、リジットが強く出ていた時期です。

この一件を友人に話したところ彼女は「その人失礼すぎる！」と烈火のごとく怒り出し、それを見て私は、「ああ、こういうときには怒っていいのだ」と思ったのです。

それと同時に、涙がツーっと頬を伝いました。自分のために怒っている誰かがいてくれることが嬉しかったのか、侮辱されても反撃できなかった自分が悔しかったのかはわからないけれど、泣けてきたのです。

これが、私の硬い硬いリジットの殻に最初のひびが入った瞬間かもしれません。けれども、「怒る」という感覚を取り戻すまでにはそれから先もとても長い時間がかかりました。

それから時を経て結婚し、子どもが生まれ、子

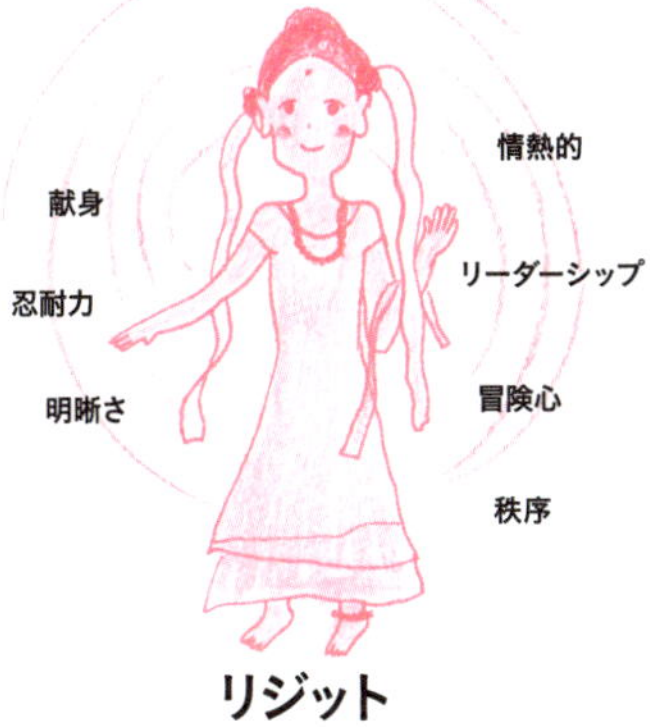

どもが1歳を少し過ぎたころのことです。

おぼつかない足取りでヨチヨチと歩いていた彼をゆっくり追いかけながら街を歩いていたとき、後ろから来た自転車が私たちを追い越そうとしました。

そのとき、息子がフラフラと自転車のほうによろめいたのです。するとその自転車の人は「危ない！」と言い、追い越しざまにものすごい目で私を睨みつけて走り去りました。「何やっているんだ、ちゃんと見てろ！」というようなことも言われたかもしれません。私も子どももショックで固まりました。頭の中は「なぜそんなことを言われなくてはいけないのだろう？」とクエスチョンマークが駆け巡ります。これがマスクの特徴です。

家に帰り、子どもを抱いてその柔らかさ、ぬくもりを感じながら「怖かったね」と話しかけた瞬間、突然ふるえが起こってきました。そして、その体のふるえで「ああ、私は怖かったのだ」ということを感じ、泣けてきました。と、同時に、自転車の人に対する激しい怒りが湧き上がってきたのです。そのできごとが起こってから30分は経っていましたし、もちろんその人は目の前にいません。それなのに「ものすごく悔しい」という感情もさらに出てきたのです。

マスクが溶けてくると、このように、できごとが起こってから感情が出てくるまで、つまり、そのできごとの感情を感じることができるようになるまで、だんだん時間が短くなっていきます。その先に目指すのは、その瞬間に自分が何を感じているのかに意識を向け、それが感じられるようになることです。

自分はいまリジットが強く出ていて、それがうまくいかない原因だと感じるなら、自分がマスクをかけていることを認識してください。

そして、感情を許しましょう。こだわりも手放して、自分の衝動的な行動を許しましょう。そうすることで本当の感情を感じられ、いつわりの自分＝マスクが溶けていきます。

2. サイコパスの癒しの方程式　ぐるぐる思考に囚われない

［平凡な自分］＋［頭の中のおしゃべりを止める］＋［脱コントロールフリーク］
＝［理想像］自分と他者と宇宙を信頼するカリスマ

サイコパスが陥りやすいイメージのぐるぐる思考とは、いま、この瞬間に起こっていることとはまったく違う「記憶」の次元で起こっているものです。あなたが生まれてからいままでの間に見たり聞いたりしたこと、テレビや本で知ったこと、その総体であるイメージに囚われている状態です。

サイコパスは、ぐるぐる思考に陥ると、無数の記憶の中から目の前のできごとに対して一番ふさわしそうなイメージを引き出して、「きっとこうだ」「この人はこう思っているに違いない」と信じ込んでしまいます。人それぞれお気に入りのイメージ的展開があり、その下には**イメージのアーキタイプ**（原型）があります。

この原型は、たとえば子どものときに読んでもらっていた絵本、大好きだったヒーロー物語や漫画などで、それらから作り上げられたお気に入りのパターンを、私たちはみんな持っているのです。

イメージは、つねに泡のように浮かんでは消えているきわめて表面的なもので「真実」ではありません。そのイメージを信じて行動するということは、現実に起こっていることとはまったく関係のないところに反応したり、勘違いをしたまま行動したりするということなので、それを続けている限り現実はぐちゃぐちゃに混乱したままです。

お気に入りのイメージ的展開とはどんなものか、私自身を例にあげてお話しますね。「私、完全にイメージに囚われているわ……」と愕然とした体験です。

子どもが生まれて1年にも満たないころ、夜間の授乳のため、夫と寝室を分けていました。

そんなある朝、起きて玄関を見たら、夫の靴がないのです。

それを見た瞬間に私の中で起こってきたイメージ的展開は
〈靴がない〉→〈昨日の夜飲みに行った〉→〈飲み屋の綺麗な女性〉→〈お酒を飲んだその女性からしなだれかかられる〉→〈浮気〉→〈ホテル〉→〈離婚〉→〈絶対離婚〉→〈でもお金がない〉→〈そうだ宝くじ〉→〈でも当たらない〉でした。

これが一旦始まったら止まらないぐるぐる思考であり、イメージ的展開です。

次の瞬間、背後のドアが開き夫が「おはよう」と起きてきました。下駄箱を開けてみたら、靴はその中にしまわれていました。

そこで私は、イメージに囚われ「浮気したのではないか」「もう私のことを愛していないのではないか」と、自ら進んで不幸になろ

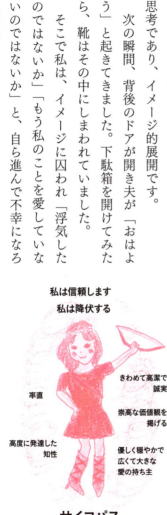

うとしていたことにはじめて気づきました。そしてそれに気づけたこと、その不幸なイメージ的思い込みから行動しなかったことを、本当によかったと思いました。

このように、**イメージのぐるぐる思考を現実だと思い込んで行動することは、自分から進んで不幸になろうとするのと同じ**です。5つのパターンの中では、特にサイコパスがイメージに囚われやすい傾向があります。

3. マゾキストの癒しの方程式　自己愛を持ちジャッジメントに屈しない

［バウンダリー］＋［自分のスペースを確保］＋［自己表現］
＝［理想像］湧き上がる芸術性にあふれる自由人

マゾキストが表面に出ているとき、人はジャッジメントが強くなります。

私にも、かつて、マゾキストがとても強い時期がありました。自分のしたいことがよくわからず、自分のために生きていなかった時期です。

そのころの私は、ほかの人の喜ぶことをすることが自分の生き延びられる道だと思っていました。ゆえに、ほかの人のために動けない自分はダメな自分で、「無私の気持ちで滅私奉公できる自分」こそが価値があり、この世で生きていくことができるという誤解を持っていたのです。

ですから、自分が本当にしたいことに手を伸ばすのはとても大変なことでした。

アメリカで本当に自分のしたい学びを自分のためにすることもその一つです。

家庭があり、まだ幼い子どももいるのに自分のしたいことのために動く、というのはそのころの私にとっては強烈なタブーでしたので、実際に動き出すまでにとても時間がかかりました。それでも自分のために動くことを自分に許可し、私はブレナン女史のもとで学ぶことを決めたのです。

ある日の授業で、とても素晴らしい瞑想をする時間がありました。

その瞑想の中で、上のほうにアクアマリンのようなキラキラする光が見えたので、「あの光はなんだろう」と、ふとその光のほうに手を伸ばしてみました。

それに触れようとした瞬間、突然上から何かが落ちてきたのです。

私のインナービジョンは暗転し真っ暗になり、突然突き落とされるような感覚が起こり、体がブルブルふるえ始めました。

そのときには何が起こったのかまったくわかりませんでしたが、あとになって、それが自分の中にある強烈なタブーでありジャッジメントの作用なのだということがわかったのです。

ジャッジメントというのは、自分にとって**一番意地悪で一番容赦のない、内在化された「間違った権威」の声**です。

その声が怖くて、私はずっと自分のしたいことに手を伸ばさず、自分の全力を尽くすということをしてきませんでした。

ジャッジメントに屈していた結果、本当にしたいことのために自分の全力を尽くそうとしたらとんでもないことになるという思いに、私は囚われていました。また、自分が本当に行きたい方向に動き始めると、外からの横槍、思いがけないところからの邪魔、あるいは私個人に対する中傷やネガティブキャンペーンが起こってくるといった形で、その弊害は現実にも現れていました。

この問題に対して私がしたことは、**自分を愛すること**です。

このような場合には、何よりも自分を愛すること、自分自身に愛を向けることが大切なのです。

私は、自分の周りに自分を愛してくれるであろう存在を配置し、愛を送ってもらうワークをしました。それは自分の親でも尊敬できる先生でも、友人でも、子どもでも、あるいはペットでも、もっと別な、神様や天使、観音様でも、自分が想像しうる「私を愛してくれるであろう存在」であれば誰でもいいのです。

そしてその無条件の愛のエネルギーを呼吸とともに自分の中に取りこみながら、冷えて凍りつき固まった体を温めて溶かしていきました。

そうすることで、無条件の愛で満たされた自分自身の力で、自分を温め続けることができるようになります。つまり、現実的には、自分がしたいことやりたい方向に自分でOKを出していってあげることができるようになるのです。

このようにマゾキストが強く出ているときは、自分をしっかり持って、あなたの周りの愛情を感じながら、自己表現に踏み出してください。

私は自由だ！
私は表現する！

マゾキスト

4. オーラルの癒しの方程式 「誰もわかってくれない」をやめてサポートを求める

［自立］＋［受け取る］＋［自分で自分のニーズを満たす］
＝［理想像］好奇心いっぱいの天性の教育者

リジットはマスク、サイコパスはイメージ、マゾキストはジャッジメントと、キャラクトロジーのタイプによって引っかかりやすい状態があるのですが、オーラルはロウアーセルフの葛藤に陥りがちです。「欲しいけどいらない」「こうしたいけどやっぱり嫌」といったロウアーセルフの二元性にすぐに引っかかってしまうのです。

行きたいところに行きたいし、やりたいことをしたいけれど、でもそれをするのがどうしても面倒くさいなど、ロウアーセルフに陥っているときは、必ず両極端な揺れを体験します。それはひとえに自分で自分を決定できないからです。

ロウアーセルフは子どものころの感情と結びついています。つまり、子どものころの自分で決定を下すことができない状態を、大人になってもずっと続けているのです。その状態にしびれを切らした外側の誰かがあしろこうしろと指図してきたら、従いながらも内側に強い不満や怒りを持つ、あるいは最初から諦めてしまう難しさがあるのが、ロウアーセルフの葛藤です。

ロウアーセルフはとてもトリッキーで、つねに私たちをだまそうとします。それがロウアーセルフの罠なのです。


オーラルがひっかかりやすい「罠」について、2つの例を紹介しましょう。

オーラルが強めで「私ってかわいそう」という場所に入りがちなBさんが、私のカウンセリングを受けたことがあります。

Bさんは子どものころ、寝るときにお母さんに本を読んでもらっていたそうです。

Bさんが絵本を選び、お母さんが枕元で読んでくれたのだそうですが、ある日Bさんが選んだ本は『マッチ売りの少女』でした。お話を読み終わったと同時にお母さんは号泣。

翌日、Bさんが選んだのは『フランダースの犬』。お母さんはまた読み終わってから号泣です。Bさんはとてもびっくりしましたが、同時に、「かわいそうな私」でいると大好きなお母さんの涙を誘い、同情を得られる、と思ってしまいます。日頃は忙しく**自分のことを見てくれないし相手もしてくれないお母さんが、「かわいそうな私」だったら私のために泣いてくれるのだ！** というイメージのアーキタイプができた瞬間です。

このようなイメージのアーキタイプを持つBさんのその後の人生はというと、仕事では「どうして私ばかりいつもこうなのだろう」というような損な役回りばかり回ってきたり、クレーム担当をさせられたりしていました。けれどもそれらを「私にまかせて！」と引き受け、自らつらく苦しく耐え難い大変な方向ばかりに向かっていたのです。まさしく、オーラルの陥りやすい罠にはまった典型的なパターンです。

私の例も、少しお話しますね。

私は人との関係性において、「助けてほしいのに助けてもらえない」という両極端のパターンに陥ることが多々ありました。

そのため、配偶者との関係性の中でも、日常的にさまざまな問題が持ち上がってきました。たとえばゴミ捨てやリモコンの使い方など、本当にたわいのない問題です。けれどそんなときの私はまず、「相手は私の話を聞いてくれない」と定義してから話しかけるので、最初から怒りと不満を持ってゴミやリモコンについて話をします。

そうすると相手は、なぜ怒りや不満を自分にぶつけられるのかわからないので、冷たくぞんざいな物言いになります。その相手の態度に私は絶望してしまい、「どうしてあなたは私の話を聞いてくれないの？」といういつものパターンが始まるのです。

また、相手に「何が言いたいの？」と聞かれたら、「あなたはいつも私の話を聞いてくれない。あのときもこうだったし、あのときもこうだった」と過去の同じようなできごとを羅列します。

相手は、そんな昔のことをまさか昨日のことのように言われるとは、とびっくりし反論もできず、かと言ってなんと言っていいのかもわからず黙りこくってしまいます。

そうすると私は床に突っ伏して泣き、手こずった彼は部屋を出ていってしまう。

これは私と男性との関係性の中でいつも繰り返されるパターンで、いわばオーラルの「シンデレラポイント」といえます。そうして悲劇のヒロイン状態の私はひとり家の中に取り残され、打ち捨てられて突っ伏したまま、過呼吸で死にそうになりながらも死なない、ということを長い間繰り返してきました。

オーラル

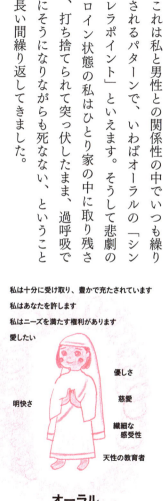

このパターンに入っていることに気がついたらどうすればよいかというと、まずは「これが感情的反応というものなのだ」というところに目を向け、助けを求めます。

ここで注意しなければならないのが、反応が起こった当のパートナーに助けを求めないことです。パートナーに求めても、また同じことを繰り返してしまうだけです。

そうではなく、友達、セラピスト、ヒーラーなど、助けてくれそうな人に助けを求めてください。あるいはペットの犬や猫でもよいのです。

とにかくそこにある自分以外のぬくもりに手を伸ばしぬくもりを感じてみたり、誰かのサポートを受け入れるというところに自分を開いていくのです。そうすると、少なくとも床に突っ伏して泣き崩れているというところからは抜け出すことができます。

ロウアーセルフの葛藤から抜け出すには、このように、助けを求めることとサポートを受け入れることがポイントです。そしてそのあと、もう一度相手との関係性の中に戻っていくのです。

オーラルは、ロウアーセルフの激しい葛藤の中で、相手との関係性を断ちながら自分の中にこもっていきがちですが、それを相手のせいにしてしまいます。

けれどそのとき、相手との葛藤は自分の内側だけで起こっているということに気づかなければなりません。そして、何度もロウアーセルフの葛藤にはまるなら、その下にはもちろんトラウマがあります。オーラルのトラウマを癒すまで、この「かわいそうなシンデレラ」の物語を続けてしまうのです。

5. スキゾイドの癒しの方程式　とくかくこの世にグラウンディング

［安心］・［安全］＋［グラウンディング］＝［理想像］地に足着いた繊細超絶クリエイター

スキゾイドは生まれて間もないころの原初の傷（トラウマ）がベースになっているキャラクトロジーです。スキゾイドのトラウマを癒すには、自分の中の「分離」の意識＝誰かとわかりあえない、離れざるを得ないことへの恐れと向きあわなければなりません。

心の奥のほうに傷の場所があり、傷に近くなればなるほど、分離の意識が強くなっていきます。つまり、傷のほうに行けば行くほど、生きるか死ぬか、行くか戻るか、お前か私か、という極端な二元性の中に入っていってしまうのです。これはスキゾイドのはまりやすいパターンです。

この激しい分離の中に巻き込まれてしまわないために知っておくといいのが、**傷の下には必ずエッセンスという宝物がある**ということです。

たとえば恋人と喧嘩をし、彼から「もう君とは別れる」と言われると、当時の私は涙がかれるまで泣いていました。

そして泣き疲れたある瞬間、「ここには私の居場所がない」「私は生きている価値もないし生きていても仕方がない」という意識に囚われ、死のうとしていました。カミソリで自分を傷つけようとしたり、飛び降りようとしたり、とにかく極端な自殺願望に取り憑かれてしまうのです。「神は私を見放した」という気持ちでいっぱいになり、そんな事態になってしまった責任を取ろうともせず、仮に死んだとしてもその後始末やほかの人たちの気持ちなどはもう自分には関係なく、**自分がここからいなくなってしまえばすべてはうまくいくのだ、といった極端な思考に陥っていました**。

これはスキゾイドのディフェンスによるものです。当時は、激しいショックを受けると周りに霧がかかって体を感じられない状態になり、気がついたら海の中に入ろうとしていたこともありました。

もしこのような極端な思考、極端な行動に自分が陥っていることに気づいたら、「あ、これはスキゾイドの傷か」と思ってほしいのです。そして、まず**安全な場所で体を感じる（グラウンディング）ことを試し**てください。

私がよくやったのは、とりあえず食べる、とりあえずお風呂に入るなど現実的に体を動かしたり、自分以外の誰かがそばにいるならばその誰かに触れてぬくもりを感じたり抱きしめてもらうということです。そうやって、現実の世界とのつながり、自分自身とのつながりを、もう一度作り直すのです。

オーラルが目の前の相手との関係性を切るのに対し、スキゾイドは自分との関係性を切ろうとします。

ゆえにこの極端な分離の状態に陥ってしまったら、まず自分自身とのつながりを再構築する必要があります。

そして、何も失恋したくらいで死ぬ必要も

スキゾイド

なければ、つらいことがあったからといっていちいち自分のいる世界から違うところに離れようとしなくてもいいのだということ、「世界は自分が思っているより優しい」ということを思い出してみてください。

Column

自分のキャラクトロジーを把握したら――気づきのスキルと癒やしのワーク

自分のキャラクトロジーに気づき、把握することが、心の傷を癒すには欠かせません。しかし、その過程で感情的反応に囚われることが多くあります。

自らのキャラクトロジーを知ることが第一段階だとすれば、第二段階では感情的反応に囚われずに傷を癒すことが大切です。キャラクトロジー心理学では、そのためのスキルやワークも用意しています。

ここですべてを説明するのは難しいので、概要をお話しします。

トラウマと意図（インテンション）に気づく2つのスキル

5つのキャラクトロジーは自分でも覚えていないほど昔の心の傷《トラウマ》をベースにしていますが、同時に、そこには「意図」が存在しています。意図とは、行動したり思考したりする前に私たちが深いレベルで決意している何かであり、5つのキャラクトロジーのディフェンスの根っこには、必ず意図が存在しているのです。

キャラクトロジーを癒すにはトラウマと意図に気づくことが大切ですが、トラウマのある人ほど子どものころのことを覚えていません。そんな忘れてしまった過去を癒すために効果的なのが、**セルフアウェアネス・スキル（SAS）**です。SASを使うことで現実の不具合やうまくいかない事象の下にある感情的反応を分解することができ、絡みあって見えなくなっていた過去の傷の場所＝トラウマのポイントを見つけることができます。

この独自のスキルをより深く学びたい方は、協会認定トレーナーによるSAS講座を受講してくださいね。

次に意図についてですが、まず、私たちは自分の幸せも不幸せも、意図のレベルで決めていることを理解しましょう。

日頃の生活の中で、私たちが意図に気づくことはほとんどありません。けれども意図は、人生の方向を固定する役割を持っています。自分がこの先どちらの方向に進むのかを決めているのです。**ネガティブな意図が根本にあると、その人は自分を不**

幸な状態に置き続けようとします。

ですから、**ネガティブな意図に気づき、ポジティブな意図に置き換えなければなりません。**

そのために有効なのが、**セルフトランスフォーメーション・スキル（STS）**です。STSも、自分軸を構築する意図のレベルを癒すべく考案された独自のスキルです。STSについて学びたい方のためには、STS講座が用意されています。

傷を理解し、受け入れるための2つのレベル

自分を癒す旅をしていると、過去の同じシーンに繰り返し戻ることがあります。何度も同じトラウマのシーンに行き当たり、「またここか」、「いつになったらこれがなくなるのか」と絶望的な気持ちになります。また、繰り返し記憶の中のトラウマの場所に降りていっても、不都合な現実は次々と起こってきます。

人によっては「クリアしたはずなのにまた戻ってきてしまうなんて、自分はダメだ」という感覚に陥ってしまったり「これはもうクリアしたはずだ」とスルーしてしまったりします。

そのようなとき、誰しもぶつかるのが「どこまでやったら自分を癒せるのか」「いつまでこれをやり続ければいいのか」という壁です。

この旅はいつ終わるのか？　答えから言うと、終わりはありません。

自分を癒す道程はこの世に肉体を持って生まれた以上、ずっと私たちが取り組んでいかねばならないことで、生きている限り、なくなることはないのです。

ここで知っておくべきは、**混乱するようなできごとが現実に起こってくるということは、まだ何か理解できていないところがあるということ**です。

その激しい混乱の場所でどのように自分のワークを深めていくのか、その指針はレベル1、2に分かれていて、インナーマインドマップのすべての場所でこれを行ないます。それぞれについて説明しましょう。

レベル1：気づく

レベル1は、やはり**気づく**ことです。

いま何が起こっているのか？　いま自分は何をしているのか？　という「いま、ここ」のポイントに気がつくこと。

「これが思考型感情的反応（RER）っていうものなんだ！」「イメージの中に囚われて思考がぐるぐるするというのは、こういうことなのね」と気がつくこと。

そして、自分の内側に起こっているジャッジメントや要求に気づきましょう。

自分の外側にあるものに対して文句を言い、いいとか悪いとか判断し、「こうするべき」「ああするべき」と要求しているのがこの段階です。

自分が何かを要求していることに気づいたら、何を要求しているのかに目を向けてください。それは、トラウマの場所で、自分の中の内なる子どもが同じ要求をしているのです。そしてその要求に対し、自分自身がそれを「いい」「悪い」と判断（ジャッジメント）しているのです。

この内側で起こっている葛藤があなたの外側の現実を創っています。内側にある無力な子どもと権威者の関係性を、そのまま外の世界に映し出しているのです。

内なる葛藤が自分の外の現実を創っている。それに気づき、「いま、ここに起こっていること」にノージャッジメントで気づくことができるようになると、レベル2に進んでいけます。

レベル2：理解し、誤認を真実に置き換えていく

レベル2は「理解し、誤認を真実に置き換えていく」ことです。ここでは説明しませんが、さらに2つのステップに分かれています。

Step1　どんな感情がそこにあるのか理解する

Step2　そこで何が起こっているのかに気づき、自分を開き、理解していく

これを理解するには、私たちの深層心理には5つの領域（身体的、感情的、精神的、霊的、エネルギー的）があることを知り、5つすべての領域において自分を開き、何が起こっているのかを理解することが必要です。興味がある方は、キャラクトロジー心理学協会の各種講座を受けられることをおすすめします。

気づき、理解し、より深い領域に降りていく。

このプロセスワークはつらく苦しく終わりのないものだと思われがちですが、実はとても面白く、興味深い現象です。好奇心を持って自分の中に降りていくことで、終わりのない創造が起こってきます。

そして、それが本来の人間の姿です。

「気づき」のためのレベル1、「理解し、誤認を真実に置き換えていく」ためのレベル2を繰り返し続けていくことは、私たちを自分自身の理解へと導いてくれます。そしてそれによってはじめて、私たちの内側が大人に成熟していくのです。

内面世界と外面世界の関わり

深層心理の5つの領域すべてで傷を理解するために

インナーマインドマップを使い、いま自分がディフェンスシステムのエゴの層のどこにいるのかに気づき理解していくことについてお話ししてきました。

前項でお話ししたように、私たちの深層心理には、さらに、本来の私たち自身の感覚であり、自分の可能性に開いていく扉である5つの領域があります。上級編の話ですが、大切なことなので少しここでも触れておきますね。

インナーマインドマップのマスク、イメージ、ジャッジメント、ロウアーセルフ、傷という5つの階層は、すべて偽者の自己です。その5つの階層=偽者の自己を癒し内側に入っていくと、本来の自分自身に対する誤認に気がついていく段階に入ります。そして、**本来の自分自身の感覚の歪みが癒されると、うまくいかない現実もスムーズに流れる**ようになります。深層心理で5つの領域がバラバラに混乱していることが内面外面の歪みの元であり、内側の感覚の真実に開いていくことではじめて、私たちは真の意味で自分を統合することができるのです。すると、人生においてあらゆる可能性に自分を開いていくことが可能となります。

私たち人間は、インナーマインドマップの5つの階層に対応している**身体的・感情的・精神的・霊的・エネルギー的**の5つの領域の混乱において、現実の世界でこれらを解き明かし、統合しようとする努力を長年続けてきましたが、いまだ解き明かされてはいません。なぜ解き明かされなかったか？　それは、私たちの深層心理の理解がまったく進んでいないからです。一つのトラウマに対し、5つの領域すべてで傷を癒すことが必要なのですが、それらに対する私たちの意識はバラバラに混乱したまま、統合されていません。ゆえに、心の成熟が遅れているのです。

5つの領域の中で身体的領域の理解のために必要なのは、自分の身体の中に入っていき、身体に何が起こっているのか、どこに緊張があるのか、どれくらい身体を意識することができているのか、あるいは意識できていないのか、そしてなぜそんなことが起こっているのかを知ることです。

感情的領域の理解のために必要なのは、自分がある瞬間に一体何を感じていたのか、それは一体どんな感情なのかを知ることです。感情は一つではなく、いくつも同時に感じていて、ネガティブな感情とともにポジティブな感情、あるいは自分自身のエッセンスから出たような感覚も必ずそこにあり、その両方を自分が持っていると理解しそれを許す必要があります。

精神的領域への理解については、子どもの意識では現実の世界に起こっていることがなぜなのかわからず、理解できていないこと、誤認していることがたくさんあることにまず気づきましょう。

霊的領域への理解が欠けていると、たとえば愛する人を失うという本当に深い悲しみや深い痛みを経験した場合、一体なぜそんなことが起きたのか、理解できません。そして「なぜ突然の事故であの子は死ななければならなかったのか」「なぜ私は子どもを失ってしまったのか」と、理解できないがゆえに、自分の何がいけなかったのかと自責のループに入っていきます。そうすると前項で紹介した気づきのレベル1に戻ってしまいます。

エネルギー的な理解は絶対必要

また、エネルギー的に理解するということも最終的に絶対必要です。

私たちの傷は自分ひとりで作るわけではありません。必ず関係性の中で傷ついていきます。そしてそれは、向かいあった相手との関係性だけではなく、自分を取り巻くすべての人、環境との関係性の中でです。

関係性においてエネルギー的に何が起こっていたのかを理解していくことと、それによって自分の内側のエネルギーがどう動いていたのかを理解すること、そしてそのエネルギーの動きのパターンが、ある一つの形に固まってしまい、それがいつも同じ現象を作り続けていることを理解しましょう。

海の波がどれ一つとっても違うように、本来、エネルギーは、干渉するできごとによって変化するものです。たとえば海に大きな岩があるとその岩によって一定の潮の流れを作るように。それなのに、同じような形にしか反応しない場所があるならば、本来自由なエネルギーの流れの性質が変わっているということです。

第４章　「どうしてもうまくいかない」ときの処方箋

うまくいかないときは、それがステップアップへの「扉」だと気づこう

人生がずっと平坦である人はほとんどいません。

たとえば第一次性徴期・第二次性徴期のホルモンバランスの変化。あるいは妊娠・出産などによって肉体的にバランスが変わっていくことによって起こる変化もあるし、病気や、入学・卒業、出会いや別れ、就職、昇進、結婚といったイベントもあります。

私たちの人生は、これらのイベントを通してアップダウンを繰り返し、変化を求められていきます。

人生という海はつねに変動するものであり、まったく同じものはありません。

けれども私たちはいつからか、何事も起こらない平穏な状態こそが自分の望む幸せであるという「幸せ」に対する誤認、愛がすべてを解放し解決してくれる、愛があればすべて

大丈夫という「愛」に対する誤認を持ってしまっています。
これらの誤認はすべて**恐れ**から来るものです。
「恐れ」から自分自身や他者、世界を見渡すと、自分の内にも外にも疑いや不安を自ら引き起こしていき、それによって歪みが生まれます。その歪みゆえに、心のさざ波がない状態が安全であるという、「安全」に対する誤解がまた生み出されるのです。

誤解の中にあるとき、私たちはとても苦しく、閉塞感のある中でなんとかそこから逃れようともがき、そして何事もない状態が平和だと思うのです。けれどもその何事もない状態は、本来、人生は変幻自在な状態が正しいことからすると、まったく動かず何も変わらぬ閉塞的な状態です。

ですから、もしもあなたがいま、苦しいともがいているならば、**「自分は止まっているのだ」ということを自覚**してみてください。

感情的反応に囚われエゴの意識と自分が同化してしまっているときは、人生が止まっている状態、言うなれば飛行機が地上に留まっている状態です。この**動いていない状態から変化しようと思うならば、そこには何かしらの大きなパワーが必要**となります。

そしてその止まっているところから本当の変化に向けて、次なるステージ、新たなステップへと動き出そうとするときには、最初の一歩が一番エネルギーを必要とします。

飛行機が地上を飛び立つとき、一番エネルギーがかかるのが離陸の瞬間です。一旦空に飛び立ってしまえば、あとは慣性の法則によって方向を修正するだけで移動していくことができるのです。

私たちは誤認から、感情的反応を激しく起こしそうなできごとや人に向かって引きつけられてはいつものパターンとしての感情的反応を起こし、現実を揺り動かそうとします。ですから、感情的反応が何もかもいけないというわけではありません。自己の正当性を高らかに要求するエゴの動きのそのすべてが悪だというわけではないのです。

ただ、うまくいかない現実の中で、感情的反応をしている自分にどうか注意深くいてください。

うまくいかない現実の下には必ず傷があり、そのとき満たされなかったニーズがあり、さらにその下にはあなた自身のエッセンスという宝物があります。それを取り戻したとき、あなたに祝福が降り注ぎます。そして飛行機は空へと高く飛び立つのです。

悩みや現実の不具合には、人それぞれの超え方がある

自分の現実に歓迎していないできごとが起こるのは居心地が大変悪いものです。

しかし、その居心地の悪さを感じないようにすればするほど、私たちはその場所に留まり続けることを知ってください。

そうではなく、居心地の悪い感覚を人生を変えていく旅の仲間として歓迎しましょう。そして、居心地の悪さを自分がどのように感じているのか、その感覚から逃れようとしていないか、そこに気づいていってください。

肉体にいま感じていることから逃げようとしても、成功することはありません。たとえば怪我などの肉体的な痛みを持っているときに、その痛みを感じることがつらいから痛みを感じないように意識を逸らそうとしても、「痛みそのもの」は変わりません。それどこ

ろか、痛みのある場所が手当てされないことによって状況はより深刻になっていきます。ですので、居心地が悪いというその状況を、ぜひ歓迎してください。

自分がなぜ居心地が悪いのか、傷とはなんなのか、手当てできるものなのか、包帯や薬が必要なのか、あるいは愛を向けてもらうことが必要なのか。それを見極めるためには知恵が必要です。もしもあなたが居心地の悪さから目を逸らし、逃げようとしていたのであれば、その居心地の悪さに注意を向けるのはとても恐ろしいことでしょう。

もしかしたら、人によってはすべてを失ってしまうような、何もかもが崩壊してしまうような、圧倒的な恐怖を感じるかもしれません（その恐怖がまったくの幻想だったとしてもです）。ですから、自分自身の内側へ目を向け、これまでやったことのないことをするときには勇気が必要です。

そして**自分が知りたくなかった真実に向かいあうとき、私たちには愛が必要**なのです。真実を知るために見たくなかった・知りたくなかった現実に目を向けることになるかもしれませんし、どう癒せばよいのかわからないほどの残酷さと向きあわなければならないかもしれません。また、どうすることもできない圧倒的な力の前に、なすすべもなく立ち尽くしている自分自身を発見するかもしれません。だからこそ、その瞬間に愛が必要なのです。

愛の側に立って真実と共にいることによって、私たちは受け入れがたかった現実を魂の深い部分で受容していくことができます。そのためには、勇気と愛と知恵のどの特質が自分の中で一番優勢で、そしてどの特質がまだ十分に発達していないのか、それを知る必要があります。

自分が得意な特質はさらに発達させ、不得意な特質に向かいあって育てていく忍耐強さも必要です。私たちは、自分自身を育て成長させていく過程の中で、はじめて成熟していくのです。

その「扉」は必ず超えられる

どちらを向いても手詰まりになり、何をしてもどうしようもないという絶望的な状況になったとき、それでも必ずどこか一方向だけは道が開かれているということを知っていてください。

これまでの人生で、八方塞がりで打つ手が何もないような、追い詰められてどうにもならない状況に何度もはまり込んだことがあります。けれど、道はいつも開けていました。

たとえば、最初の結婚をしたころのことです。

妊娠し、けれども結婚生活はうまくいかず早くも離婚の危機となり、待ち望んだ妊娠も早産の危険があって、私は一日中寝ているしかない毎日を送っていました。

助けを求めた両親からはけんもほろろに拒絶され、お金もありませんでした。
そのとき私がしたのは、神様に勇気と強さとサポートを求めて祈ることです。
そして両親など自分がよく知っている場所にサポートを求めるのではなく、いままで視界にも入れなかったところにサポートを求めてみました。すると、すごく遠い存在だった友人が助けの手を差しのべてくれたのです。

また、私は10代のころから人生に絶望し、「こんな人生ならば早く死んでしまおう」と、35歳になったら死のうと決めていました。けれども運命とは不思議なもので、私は死のうと決めていた35歳で妊娠し、36歳で子どもを生みました。

けれど、我が子を愛しく可愛いと思っているのに、私の中を時折、凶暴な気持ちがよぎります。

子どもを見ていると、自分が子ども時代、虐待をされていた感覚をある幸せな瞬間に急に思い出したりするのです。さらに、息子はとても泣く子だったので、大きく泣き叫ばれると「この子を殺してしまいたい」「うるさい！　黙れ!!!」「この子を殺して指を落としたらどんな感じなんだろう」と、凶暴な感覚が湧き起こることもありました。

私はこれらの感覚がよぎった瞬間が自分でもとても恐ろしく、「この気持ちをなんとかしなければ、かつて私も親からされたようにこの子をいつか虐待してしまうだろう」と感じていました。

そしてそれは、結婚し、申し分のない夫と愛する子どもがいても、自分の中の傷がまだまったく癒えていないことを知って、ショックを受けた瞬間でもありました。

愛する我が子を虐待したくない、そのために自分を癒したいと願い、友人から借りた書籍を通じて出会ったブレナン女史のもとに学びに行きたいと思いました。でも、結婚出産を経て専業主婦として子育てをしていた私には貯金もなく、大人になってからはそれなりに関係を築いていた裕福な両親からも反対され、動くに動けない状況になりました。

けれども、そのころにはすでに、本当に行きたい方向に向かえば向かうほどジャッジメントの声が強くなり、「そうならない」「実現は難しい」という現実を作り出してしまうことには気がついていたので、やはり神に祈るところから始めました。

グラウンディングし、自分の体を感じることに毎日チャレンジし始め、朝晩、「ブレナン式ヒーリングとヒーリング科学を学ぶ」というインテンション（意図）を立て、意図を実現する自分の姿をビジュアライゼーションしました。その上で、自分のできることを精一杯頑張ったのです。現実の育児や主婦業のほか、私と同じようにブレナン女史の下で学びたいと望む人たちのグループを作り、ミーティングを開き、議事録を作り、グループのサポートをし続けました。

そんな日々が半年ほど続いたころ、変化が起きました。

それまで何も言わなかった夫が、「学びに行ってもいいよ」と許可してくれたのです。さらに、サポートが天から降りてきました。

夫の仕事で新しい大きな契約が決まり、経済的にとても楽になったこと、また反対していた両親も、渡米中は母が私の代わりに息子の世話や家事などをサポートしてくれることになりました。こうして私は自分の本当に望む方向に動き出すことができたのです。

朝に晩に意図を立てながらも、「私は本当に行きたいのだろうか」と、疑いを持った時期もありました。そこで私は、自分が本当に行きたいのかどうかを知りたくて何度も神様に祈り、聞いてみたのです。「私は自分を癒したい。子どもを虐待したくない。そのためにアメリカで学びたい。もしもこの選択が間違っているならば、それを教えてください。もしもほかに道があるならば、私に分かりやすい形でそれを指し示してください」と。

そして私のもとに来たのは夫や両親のサポートでした。だから私はここに行っていいのだ、ここに行くことが私の道なのだ、と確信を持てたのです。

自分が本当にしたいことをするとき、それまでのやり方を変えて新しい選択を選ぼうとするときには、**コミット**が必要です。

コミットとは、もしかしたらそれによって大切な何かを失うかもしれないし、何かを諦めなければならないかもしれないけれど、**「たとえ犠牲を払ったとしてもそうしたい」と自分で決めること**です。このようにコミットして得た結果には確信を持って進むことができ、それは自分自身の内側の自信にもつながっていきます。

うまくいかない「親子関係」は本当の感情を感じていないから

キャラクトロジー心理学に救いを求める人の多くが悩んでいることの一つが親子関係です。キャラクトロジー心理学には、子育てに特化したカリキュラムもありますが、ここではおおまかに、自分でいろいろ試したけれど、それでも親子関係がうまくいかないときの対処法を紹介します。

前提として、親は子どもを愛しています。もしも親が愛情を持ってケアしていなければ、子どもが生きていくことはできません。しかしながら、「愛を持ってケアすること」について、親自身が誤認を持っていた場合、自分がされたことをそのまま子どもにもすることになります。

私たちは、自分が体験していないことは表現することも創造することもできません。それゆえに、私たちは無意識に「愛をもらった」と自分が感じたやり方、「これは愛である」と自分が感じたやり方を、一番愛している相手に対して表現します。

一方、子どもは目の前に立ち現れる現実に対して先入観を持たずまっさらな状態なので、そのまま受け止めます。親子の関係に本当の愛ではないものが混じっていた場合も、子どもは違和感を覚えつつも、その愛とケアを受け取るのです。

けれど、そうして愛ではないものも受け止めることによって、子どもは自分の内側にクリアにならない感覚を抱え込むことになります。

そして、その不確かな感覚が不安であるという表現をしたり、それを親にわかってもらおうと訴える試みをしたりするのですが、言葉を話せない赤ちゃんの場合は泣き声の中に訴えがひそんでいるので、親は理解することができません。そのせいで、訴えを「甘えて泣いているわ。可愛い」というふうに受け止めて終わってしまうことすらあります。

そんなとき、その赤ちゃんは、「気持ちが伝わらなかった」と感じたり、あるいは自分なりの表現をしたにもかかわらず親にわかってもらえなかったことで、愛と同時に愛する親に対する怒りや憎しみを感じます。

親の誤認と子どもの傷はつながっている

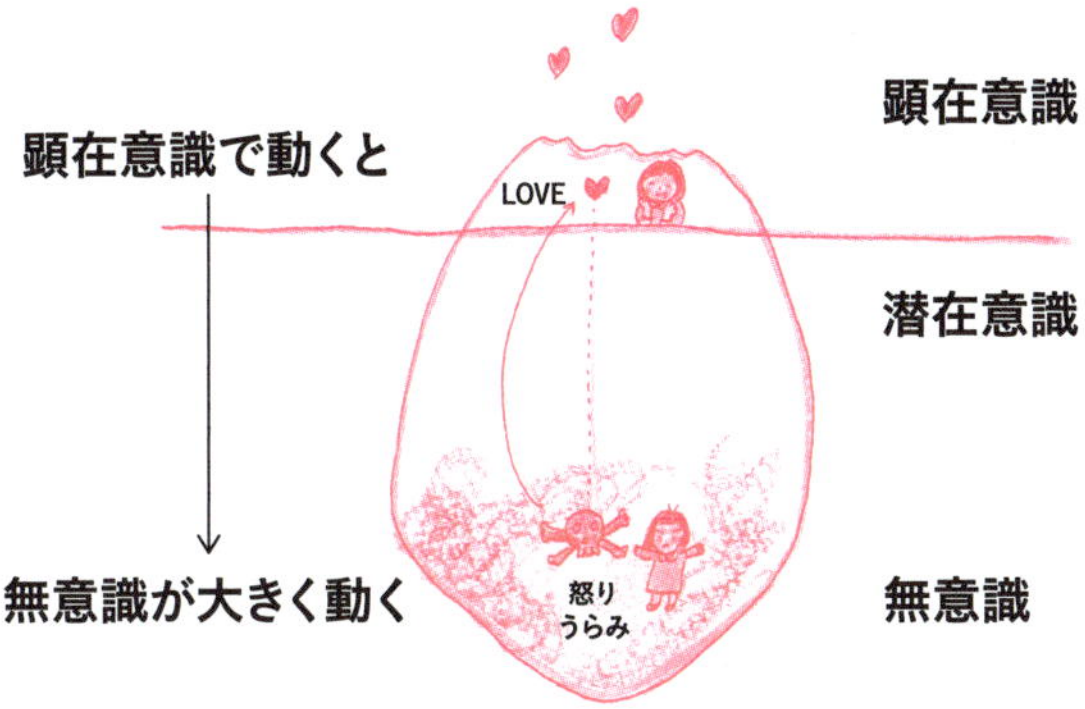

自分を癒すと家族みんなも癒されます

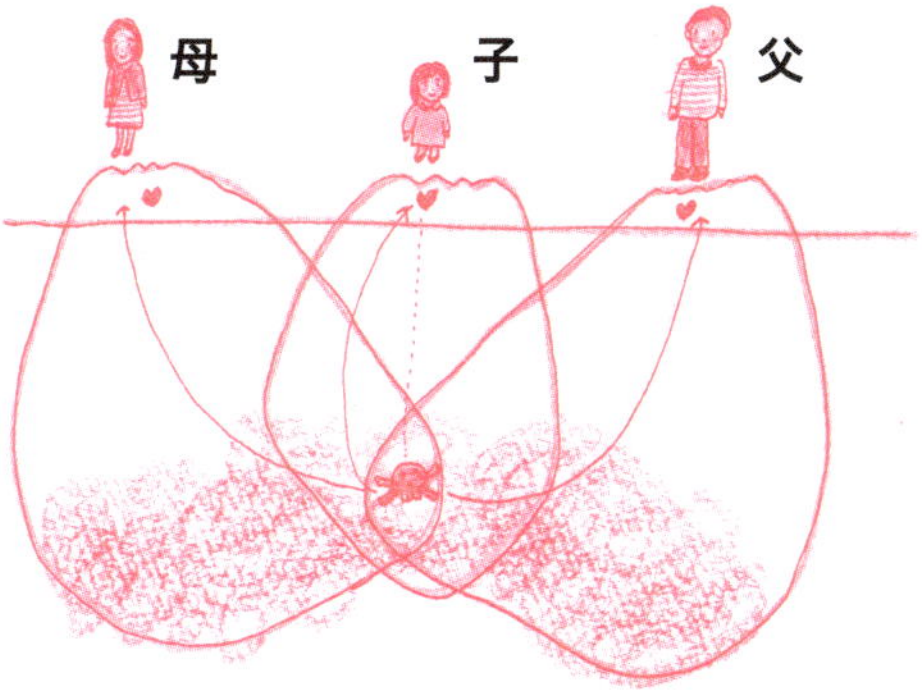

けれども、赤ちゃんは親に自分をケアしてもらわねば生きていけない＝怒りを持ったままでは生き延びることができないので、このときに感じたネガティブな感情を無意識レベルに押しやり、「愛」と「怒りや憎しみ」が紐づけされることになります。

そうなってしまうと、親に対して愛を感じるたび愛に紐づけされたネガティブな感情が無意識レベルでうごめくので、純粋な愛を感じることができず、自分には何かいけないところがあるという罪悪感を持ってしまいます。

このことが愛と罪悪感を結びつけてしまう、つまり「愛を感じると罪悪感を感じる」というパターンを形成し、自分の気持ちを差し置いて愛する人を過度にお世話しようとする行動にもつながっていきます。

子どものときに感じられなかった感情を無意識の中に閉じ込めている限り、このループから出ることは叶いません。自分の奥深くにあるネガティブな感情を「ある」と顕在意識レベルに引き上げたときにはじめて、「私には愛もあれば憎しみもあるのだ」と、両方を持てるようになりますです。

そして「愛」と「憎しみ」という、**相反する（と信じていた）感情を両方受け入れることができるようになってはじめて、ハイヤーセルフを選ぶことができるようになる**のです。

ここで注意しなくてはならないのが、親子関係というのはお互いのプロセスが絡みあい、ネガティブなパターンややり方を補完する関係性にあるということです。真に愛しあっている者同士でワークをすると感情的反応のスイッチが入りやすくなる、より泥沼化しやすくなるとも言えます。

もちろん、それは親子関係だけでなく友人関係、恋愛関係でも同じです。だからこそ、愛する人との関係性において自分の内側がざわめき、感情的反応が起こったとき、それをワークしようとするならば、利害関係のない、ノージャッジメントで聞いてくれる第三者に相談することが一番望ましいのです。つまり、**親子関係がどうしてもうまくいかないときの打開策としても、利害関係のない第三者の登場は有効**です。

家族のこと＝秘めるべきことではない

特に私たち日本人は家庭のことを内側だけで解決しようとしがちで、いい意味でも悪い意味でも秘密が外に出にくい民族性を持っています。そのことが世代を超えて歪みを継承するネガティブな連鎖に拍車をかけ、表に出てきたときにはどこから手をつければよいのかわからないほど歪んでしまっているというケースがままあります。

相談の相手として一番望ましいのは、内面のことに詳しい専門家、カウンセラーやセラピストです。

そして、ひとりのカウンセラーやセラピストだけに相談し続けることは、その人とまた特殊な愛情関係によって結びつけられてしまうことにつながります。セラピストに対して自分の親との関係性を転移していってしまうからです。

親を転移した相手との関係性の中では同じパターンが表出してくるので、それをまた別のセラピストに相談する形をとれるようになると、より関係性が薄い中で自分のパターンを冷静に見つめることができます。ゆえに、心のケアをしてくれるケアワーカーを数人持つことをおすすめします。

自分の問題を、どうかひとりで解決しようとしないでください。

私たち人間は関係性の中でしか生きられず、関係性の中でついた誤解や誤認、傷は、関係性の中で癒されていく必要があります。信頼できる相談相手をひとりに限定せず、必ず複数持ってください。そのことが、世界は安全であると信じられるようになる第一歩ともなります。

噛みあわない「友人・恋愛関係」はイメージで現実を見ているから

私たちは、子どものとき家庭の中で築き上げた関係性の基本パターンを、学校や職場の中でも再構築しようとします。

ですから元々の関係性に対するイメージが歪んでいると、うまくいかない人間関係を形成し、友人や恋人との関係において不具合が生じます。ここまでで見てきたように、人生で見たり聞いたりしたイメージを次々と繰り出しては体験しようとする試みを、私たちは他者との関係の中でしているのです。

つまり、子どものときに家族と健全な交流を形成できなかった場合、イメージに基づいて不健全な交流を友人や恋人と再構築しようとするので、不具合、生きづらさが生じます。

カフェなどで、女子高生やカップルが、噛みあっていない会話を延々と繰り広げているのに出くわしたことはありませんか？　それがこの典型的な例です。

友人や恋愛関係では、喧嘩になると、なおさら噛みあわない傾向が顕著になります。しかしトリガーとなったできごとや原因をありのままに見ることができず、「きっと相手はこう思っているだろう」「前もこんなことがあった」「だから自分はダメなのだ」というイメージの世界にはまり込み、「過去のあのときと同じことになるかもしれない」「未来がこんなふうになったらどうしよう」と過去や未来を行き来するだけになってしまうために、「現実＝いま、ここ」との接点を見失い、目の前の相手との交流ができなくなります。

ですから、友人や恋人との関係がどうしてもうまくいかない場合、自分がイメージにとらわれていないかを見つめ直してください。

イメージが現実を作る

イメージという言葉について少し詳しく説明しましょう。

私が「イメージ」と言うとき、それは「イメージキャラクター」などといった言葉で使われる、ポジティブなニュアンスを持った「イメージ」とは少し違うものです。

キャラクトロジーでいう「イメージ」にも、もちろんネガティブな「イメージ」だけでなくポジティブな「イメージ」もあります。そして、私たちは自分の持っている「イメージ」を通して外側の世界を見ています。言い換えればイメージを外側の世界に投影して自分の現実を作り上げています。

つまり、「あの人は私のことを嫌っているような気がする」というイメージを通してその人を見ると、その人の前では、自然と相手から嫌われている前提で振る舞うので、結果的に相手はあなたを避けるようになります。

また、恋愛関係において、たとえば浮気をされた経験のある友達がいたり、あるいは浮気をした男性が周囲にいたりする人は、つきあい始めた自分の愛する相手を「この人も浮気をするのではないだろうか」という目で見てしまいます。

そのため、彼がほかの女性をちらりと見ただけでひどく感情的に怒ったり、つねに相手の行動や言動を探ったりするので、結果的に相手は居心地が悪くなり、離れていくことが多くなります。

イメージを真実だと信じ込んで世界を見ていると、自然となんだかうまくいかない現実、生きにくい世界になります。

また、「私は成功する」「こうしたらきっとこんなふうにうまくいく」といったポジティブなイメージは、最初は決して邪魔にはなりません。けれども内側の学びを進めていくにつれ、それらのイメージは消えていきます。なぜなら、本来のあなたはそのイメージを遥かに超えた大きな存在だからです。

イメージは、私たちをとても狭い限られたパターンの中に閉じ込めてしまいます。

イメージを取りのぞいていく、イメージと自分を決して同一化しないことは、私たち人間が一生をかけて慎重に取り組んでいくライフワークであるとぜひ考えてみてください。

「また、友人とうまくいかなくなった」「恋人といつも同じパターンでダメになる」。そんな人は、イメージによって作られた自分の世界に閉じこもっていることをよしとせず、内面世界で感じたことを外の世界に発信し、目の前にいる人とその確認作業をしていく練習を始めましょう。

他者と交流していくときに、ありとあらゆるイメージを外していくこと、イメージの中で人と会話しないことをぜひ、心がけてみてください。それが何より大切なのです。

うまくいかない「上下関係」はジャッジメントが原因

学校や職場で先輩や上司といった自分より〝上〟の立場にある人との関係性において不満を感じたり、衝突したりしてうまくいかないとき、そこにはリーダーシップへの誤解がありますす。そしてそれは、あなた自身が持つ「内側の権威者」に対するイメージに由来しています。

まずはあなたが先輩や上司など、「権威者」に対してどのように感じているのか、意識的に見てみましょう。

もしも権威者に対して「あいつはひどいやつだ」「どうしてわかってくれないのだ」「いつも自分の意見は受け入れてくれない」などと思っているのなら、あなたは内側にある権威に対する誤解を〝上〟の立場の人に対して投影することで、相手の権威的な態度を引き出しているのです。

ゆえに、まずは自分が権威者に対してどう感じているのか、どんなふうに思っているのかに深く注意を向けてください。そうすることで、権威者に対して持っているジャッジメントに気づくことができます。

ジャッジメントというのは、私たちの内側でつねに鳴り響いている、自分を制限する声です。自分が誰かをジャッジをしていることに気づいたら、まず、自分の内側に、自分自身をジャッジしている声がないかどうか耳を澄ませてみてください。自分の内側でどんなふうにどんな声が鳴り響いているのかに意識を向けるのです。

「お前はバカだ」「なぜお前はわからないのだ」「お前は間違っている」「もっとちゃんとしろ」など、ジャッジメントの声は非常に威圧的で攻撃的です。

そしてその攻撃性は、心の内側の子ども時代の自分に向かっています。ですので、ジャッジメントの声に気づいたら、子どものころに同じジャッジメントの声を聞いたことがなかったか、あるいは自分を無意識にそのように厳しく律していなかったか思い出していってください。そして、厳しく当たられることによって傷ついている子ども時代の記憶を見つけたら、大人になったあなたのアダルトエゴを使って、その子どもの部分を優しく癒していきます。

ここで注意すべきは、ジャッジメントによって痛めつけられている子どもの部分を「よしよし、かわいそうに」と抱きしめてなぐさめることが目的ではないということです。**大事なのは、子ども時代の誤解や認識に気がつくこと、**つまりジャッジメントによって痛めつけられている内側の子どもに対し「私はなんてひどいことをしてきてしまったのだろう」と自覚をすること、そしてジャッジメントをやめることです。

「よしよし、かわいそうに」だけを続けていくことは、ジャッジメントをずっと受け続けることにつながりますので、どうか気をつけてください。

ジャッジメントの声は厳しいものばかりではない

ジャッジメントは内側の権威者として機能しますが、子ども時代に経験した親の態度や言動が、歪んだ偽物の権威に根ざしたものだったのか、聖なる権威からのものであったのかによって、その様相は異なります。偽者の権威者は、**甘々の権威者**と**厳しすぎる権威者**に分かれています。

厳しすぎる権威者は、日常生活の中で「あれをしてはダメ」「なぜこんなことをしたの？」

などと子どもに厳しく制限を与え、甘々の権威者は何をしても「いいのよ」と子どもが自己責任を取らなくても済むような育て方をします。どちらのタイプの親（権威者）であったとしても、子どもは自己責任の取り方を学ぶことはできません。

歪んだ権威者は「厳しすぎる権威者」「甘々の権威者」、あるいは「混在型」として誰の内側にも存在しています。そして、甘々の権威者のほうが厳しすぎる権威者より毒が深いのです。なぜなら、自分を甘やかし続ける誘惑から抜け出すのは非常に難しいからです。

それでも、自分の中の「甘々の権威者」が現実に不具合を作り続けていることを自覚できるようになると、自分の中に聖なる権威を構築する必要性を誰もが自覚し始めます。

自分の中の権威が聖なる権威なのか歪んだ権威なのかは、目上の人との関係性の中でどのように不具合が作られているのかを知ることで可能になります。

聖なる権威者は、罰することも甘えさせることもせず、自己に力を与えます。

歪んだ権威者が自分の外側に権威を置き、そこからの許可を待つのに対し、聖なる権威者は、内側にある本当の真実の場所に立っています。そして、行動や言動の責任を自分自身で取ります。

つまり、**現実に起こった不具合や不利益に対して、つねに自己責任を意識しながら行動できる**のです。何事も自己責任において行動するので、周りの人たちは爽《さわ》やかさを感じます。できごとがなんであれ、聖なる権威からの行動に後味の悪さが残ることはないのです。

一方で、歪んだ権威は必ず罪悪感と対になっています。罪悪感から行動すれば間違った権威になるということです。

聖なる権威者はつねに自分の真実に根ざしており、自己責任を取り続けますが、それは「私が悪かったから責任を取る」というような罪悪感から出るものではありません。自分が責任を取るべき場所がわかっていて、具体的に考えることができます。たとえ間違ったとしても、罪悪感ではなく正しく「後悔」へと入ることができるので、同じ失敗を繰り返すことはありません。

私たちは、この「聖なる権威」の持ち方を学ばなければなりません。

何が聖なる権威で何が間違った権威なのか、明確に線引きができる人はごくわずかでしょう。けれども、周りを見渡せば、「あの人はすごいよね」「あの人は素晴らしい行ないをしている」という人に出会うことは可能です。

より意識的にその素晴らしい人たちの特質に触れ、自分の中の間違った権威を浮き上がらせ、間違った権威があることを認めた上で聖なる権威に移行できるよう、練習し続けなければいけません。

この道のりはとても長く、果てしない道のりのように感じることもありますが、このようにして自分自身に対してリーダーシップを取り続けていると、歪んだ現実を作らなくなっていくことに気がつきます。

道のりは長く激しく、見返りは少ないような感覚に陥るかもしれませんが、自分の現実を本当に自分の思い通りに変えるには、このやり方が遠回りのように見えて一番早いのは確かです。

聖なる権威へと移行すれば自分軸で生きられる

前項の歪んだ権威と聖なる権威について、上下関係の最たるものである親子関係を使って見てみましょう。

まずは歪んだ権威に基づく罪悪感からの行動とはどんなものかについて説明しますね。

親子関係でよくあるのが、子どもにつらく厳しく当たった(厳しい権威の発動)あとに「ごめんね」と謝る(甘い権威)ことです。このとき、たいていの子どもは「謝るくらいなら最初からするな」と思っています。けれど、子どもは親から離れることはできません。

虐待されている子どもが親に叩かれたり罵られたりするのに離れられないというのも、厳しい権威と甘々の権威を交互に繰り出されるがゆえの現象です。どんなに虐待されても「今度こそ優しくしてもらえるかもしれない」というはかない希望を持ち、優しさのひとしずくを求めて、どんなに厳しくされてもぶたれても自分をなぐさめようとするのです。
けれどそれは結局、愛を求める子ども自身も虐待する親もボロボロに疲弊していくことしか生み出さず、成長につながることはありません。

間違った権威は痛みしか創造しません。

ですから、それが自分の親から受け継がれたネガティブな連鎖であったとしても、自分のところで連鎖を止める決意が必要です。「痛みしか創造しないこのネガティブな連鎖を私のところで止める」という強い決意を持つことは、聖なる権威が歪んだ権威に取って代わることを意味します。

「自分はそんなひどいことをしていない」「子どもにとても優しくしている」という人は、甘々の権威が自分の中にないか、自分と向かいあいましょう。

すべての人たちが、聖なる権威を使って「ネガティブなやり方を私から先には伝播させない」という強い決意を持つことを心から願います。

Column

カウンセリング事例1
トラウマの原因は赤ちゃん時代の「ゆりかご」

ここからは、私が実際にカウンセリングしたケースをご紹介しましょう。

Cちゃんのお母さんは、過食症で不登校のCちゃんをどうにかしてあげたいとスクールカウンセラーに相談したり、病院にかかったり、子どもの気持ちを尊重したりと、さまざまな試みをしたもののどれも効果が出ず、困り果てて私のところにきました。

Cちゃんはとても可愛らしい女の子でしたが、過食嘔吐に苦しんでいました。人に見られると恐怖からパニックになり、「私は変な子だから」という強迫観念から学校にも行けず、家にこもって食べては吐きを繰り返していたのです。

けれど、キャラクトロジーの概念を学ぶことで、まずお母さんが自分自身との関係性の取り方を知り、それとともにCちゃんも少しずつ動けるようになっていきました。

そしてCちゃんも、時間はかかりましたがキャラクトロジーの概念を学び始め、私のカウンセリングとヒーリングを定期的に受けながら、徐々に自分が陥りがちなイメージやジャッジメントを特定し、そこから解放されるようになっていったのです。けれどもその時点では、「自分は醜い」「人の目が怖くて人に見られるのが嫌」という感覚を完全に振り払うまでには至りませんでした。

そこでさらにカウンセリングを続けるうちに、お母さん自身の生育歴とCちゃんとお母さんの関係性が見えてきました。

実は、お母さんにはハンディキャップを持ったお兄さんがいたので、生まれたときからあまりケアされることがありませんでした。両親の注意はつねにお兄さんに向けられていたのです。

そのため小さな女の子はお兄さんを上手にケアする方法を身につけ始め、お兄さんをケアすることで家族の中での居場所を確保するという環境で育ちました。確かにお母さんは、人のお世話をすることがとても上手な典型的なオーラルタイプです。

大きくなって結婚し、Cちゃんが生まれました。

本当に可愛い子だったので、お母さんはこの可愛らしい子をとても大切に育てました。外に寝かせて怪我でもしたら大変と基本的に１日中、ゆりかごの中に寝かせておいたのです。

けれどもCちゃんのカウンセリングの中で明らかになっていったのは、「お父さんもお兄ちゃんもお母さんもみんなが上から自分のことを覗き込んでいて、誰も自分に触れてくれない」「心細くて寒くてぬくもりが欲しいけれど、あまりに小さすぎて自由に体を動かせず、手を伸ばせない」というゆりかごの中でCちゃんが感じていた感覚でした。

この、「家族が笑いながらこちらを見ているだけで自分に触れてくれない」という寂しさと悲しさと絶望感から、Cちゃんは、「自分は変な子なのだ」という概念のベースを作り始めたのです。

さらにCちゃんにとってよくないことに、Cちゃんは本当に可愛い子だったので、外の世界に出て行くと、みんながCちゃんを見ました。

そのせいで、ゆりかごの中での感覚から生まれた「自分は変な子だからみんなに見られている。変な子だから嫌われている」という誤解がどんどん積み重なり、「本当の愛を愛として受け取れない」というパターンを自分の中に作り出していったのです。これがCちゃんの痛ましい状況を作り出した幼いころの傷とトラウマです。

こうして「愛が欲しいけどいらない」というオーラルのパターンに陥ったCちゃんは、ジャンクフードを大量に食べては吐くという繰り返しの中で絶望が深まり、自殺未遂まで起こしました。

しかしトラウマの原因＝そこにある誤認に気がついてからは落ち着き始め、学校にも通えるようになりました。学校を卒業したいまでは就職して日々仕事をし、普通の営みの中に身を置けるようになっています。

似たようなパターンで、我が家の愛猫、まるちゃんのエピソードもお話ししますね。まるちゃんは誰もが認める美猫です。あまりにもきれいなので、まるちゃんを見るとついみんなが「可愛い！」と撫でたり触ったりしようと集まるので、視線が集まることが怖くていつも固まってしまうのです。

人より美しいことや可愛いことは、いいことばかりではないのです。

自分の美しさや素晴らしさを自然に見出していくことができれば、美しさは力にもなるし自信にもなります。けれど、自分のエッセンスを自覚する前に子どもの意識では何が起こっているのかわからないできごとが起こると、一番美しい部分を受け入れられないという傷になります。

私たちは誰もが、生まれつきの美しさを持っています。けれども、そのエッセンスを使うにも自分の修養が必要なのです。しかし修養してエッセンスをエッセンスとして使えれば、それは自分にとっても周りの人にとってもギフトとなります。

Column

カウンセリング事例2
「危ないよ」という声かけが子どものトラウマを育てた

お母さんが私のところにやってきたときDちゃんは学校に行けず、極度の拒食症とパニック障害と統合失調症と診断されていました。Dちゃんの体は細すぎるほど細いのに、食べられないのです。

お母さんとDちゃんは私のクラスに一緒に学びにくるようになりました。

2人はいつもくっついているのですが、Dちゃんはお母さんに対して「自分のことを愛しているかどうか」をすごく気にして不安に思っていました。お母さんはDちゃんが不安になるたびに抱きしめて受け止めていたのですが、功を奏しているようには見えませんでした。

あるとき、Dちゃんが廊下でパニックになったことがありました。何が起こったのかと尋ねると、「チョコレートを1個食べた」ことがきっかけだというのです。
Dちゃんはチョコレートを食べてしまったことで、「太ってしまう」と恐怖し、ガクガクふるえていました。とりあえずその場はグラウンディングさせ自分の体を感じさせることで落ち着いたのですが、なぜこんなことになったのか、私は本当に不思議でした。

Dちゃんもヒーリングとカウンセリングと並行して時間をかけてキャラクトロジーを学び、自分の中のイメージやジャッジメント、感情的反応の取り扱い方を学んでいくうちに落ち着いてきたのですが、どうしても、「自分は愛されていない」「太ったら醜い」という思い込みから抜け出すことができませんでした。

Cちゃんのケースと同じく、子どもの問題においてはまずお母さんとの関係性を見ていくのですが、お母さん自身がどんな生活環境の中で育ったのかを見ていくうちに、解決の糸口が見えてきました。

お母さんはスキゾイドが非常に強いタイプだったのですが、子ども時代は家にいるのが怖く、ほかの家族が大声で話している中で、いつも小さくなってその様子を見ているような子どもでした。とても繊細な子でしたが、怖かったり困ったりするできごとがあっても親が気持ちに寄り添ってくれることがなかったので、自分の気持ちをどう取り扱えばいいのか、どう向かいあえばいいのかがまったくわかっていませんでした。いつもビクビクしていて、何かあると「ヒィーッ」と現実逃避するのが日常となっていたそうです。

そして大人になり子どもを育て始めるのですが、子育てをしたことのある方はお分かりになるかと思うのですが、子どもというのは突然とんでもないことをしでかすものです。

そのたびDちゃんのお母さんは「ヒィーッ！　危ない！　やめて！」と子どものころと同じ対応をしました。そんなお母さんの姿を見て育ったDちゃんは、「お母さんはいつも、怖い顔をして自分を見る」「私は嫌われているのかもしれない」と思うようになりました。

そのためお母さんに愛してもらおうといろいろなことをしてみるのですが、お母さんがびっくりして「ヒィーッ！　そんなことをしたら危ないよ！　やめて！」と叫び、現実から目をそらすのは変わりませんでした。

お母さんは危険なことのまずないようなシチュエーションでも癖で「ヒィーッ！　怖い！」と感じ、「危ないからやめて」という声かけを幼いDちゃんにずっとしていたのです。

やがて思春期になり、どうしたらお母さんから愛されるのか考えた結果、Dちゃんがたどり着いた結論は「私が誰よりも細くきれいになったら、きっと私は特別になって、母さんに愛される」だったのです。なぜそう思ったのかの理由を明かすのは、もう少し待ってください。

それから彼女はものを食べなくなりました。やがて、お腹が空いて本当に何かを食べたいと思っても食べ物を受けつけないというところまで症状が進んでしまい、食べたいのに、食べたら非常な恐怖に襲われるという状態に困り果てていたときに私と出会ったのです。

学びとヒーリング、カウンセリングを通じてトラウマの理由がわかり、そして自分の取り扱い方にDちゃんが徐々に慣れてきたころ、私はクラスであることを試みました。

Dちゃんとお母さんが通っていたクラスには、Dちゃんのお母さんと同じように、子どもを本当に愛しているのにどう取り扱っていいのかがわからないお母さん方が何人もいらっしゃいました。彼女たちはみなどっしりと母親らしい体型をしていたので、「太っている＝醜い」と信じ込んでいたDちゃんにお腹の肉やお尻の肉を触らせてあげてほしいとお願いしたのです。

実は、Dちゃんのお母さんはとても痩せた方でした。Dちゃんが「誰よりも細くなれば」

と思ったのも、きっとそこに起因していたのでしょう。

そんなわけで、Dちゃんはぷよぷよしたものを見たことも触ったこともありませんでした。周りのお母さんたちのぷよぷよしたお肉を触ってもらい、「これは醜い？」と尋ねると、彼女は「醜くない。柔らかくて気持ちいい」と答えたのです。

私たちはぎゅーっとハグしあい、クラスの皆で泣きました。Dちゃんの症状が劇的に改善したのはそれ以降のことです。


傷を癒すには、まず心の中のことを理解することも必要ですし、自分でそれらを変えていこうとする内側からの積極的な努力、自己責任、そして自分へのリーダーシップが求められます。そして、関係性の中でついた傷は関係性の中でしか癒されませんので、周りのフォローや周りからの愛が必要不可欠です。

愛ゆえの言葉・行動がトラウマを生み出す

東京の地下鉄の長〜いエスカレーターに乗ろうとしたとき、私の前に、品のいいワンピースを着た、裕福そうなお母さんと幼稚園の制服を着たお下げ髪の女の子がスッと入ってきました。そのお母さんは愛する小さな娘を不意の事故から守ろうと、長い下り坂のエスカレーターで子どもの前に立っていました。朝でしたので、エスカレーターの左側に立つ私やその親子の右側を、たくさんのサラリーマンが駆け足で降りていきます。

お母さんは振り返ってにっこり笑いながら「歩いたら危ないのよ。すってんころりんコロコロと下まで落っこちていっちゃうの」と何度も優しい声で節をつけて娘に言っていました。女の子はどこまで続くかわからないエスカレーターをお母さんの背中からこわごわ覗《のぞ》き込み、サラリーマンたちの慌ただしい姿を横目で見つめています。

そして私は、ある瞬間にその女の子が「私は絶対すってんころりんしない」と決めたのを目撃しました。これから先彼女は、つねに「危ない、転ばないようにしなきゃ」と思いながら生きていくので、逆に、「危ない」体験に目を止めるようになってしまうでしょう。

このように、愛からの言葉かけであったとしても、それがその子の人生にどのように影響を与えるのかを親が知っていなければ、不安で危険な世界のイメージだけを与えてしまうことになります。親自身が自分の取り扱い方をしっかりと知っていなければ、子どもに対する愛ゆえに、知らず知らずのうちに自分が無意識レベルで持っている恐怖をそのまま凝縮し、連鎖的に愛する我が子の人生に与えることになってしまうのです。

けれども、もしも親自身が自分のトラウマに気づき、癒すことができていれば、傷を子どもに背負わせなくて済みます。

私たち大人一人ひとりが自分の責任を自分でクリアしていけば、世界の平和は数十年で創造されます。一人ひとりが自分の責任を果たすことでそういう世界の実現も可能であることを、ぜひ知ってほしいと思います。

心の傷は生まれてきた以上必ず作られる

まったく心の傷をつけずに育つということは不可能です。

現実世界の制限ゆえに私たちには「思い通りにならない」という葛藤が必ず起こり、それにより自分自身が引き裂かれていくという無数の経験をして育ちます。

幼い子どもの狭い視野からの認識では、自分をありのまま受け止めるということは不可能なため、その葛藤はトラウマとして筋肉の中に痕跡を保持します。

現実世界の制限は、どうしようもないことです。たとえばテーブルの上にある何かが欲しいと思ったら、そこまで時間をかけて移動するという制約を受けるのは、仕方のないことなのです。

大人の意識で考えればこのことは容易に理解できますが、時間という概念を持たない赤ちゃんは、お腹が空いてミルクがほしいと思ったその瞬間、自分の望むものが与えられないことにショックを受け、現実にすぐに手に入らないことから「自分は拒絶されている」「自分はダメなのだ」と感じたりもするのです。

ですので、親がどんなに努力したとしても、子どもは子ども自身のオリジナルのエッセンスゆえにそれがトラウマになり得るということを受け入れる必要があります。

それを知った上で、どういうことがトラウマになるのかを先に学んでいれば、親が自分を癒し、学び、行動や声かけを変えることで、子どもがエッセンスに戻っていくことをサポートすることも可能なのです。

早い時期に子どもがエッセンスに戻っていくことができれば、その分子どもの可能性は広がり、オリジナルのエッセンスを天才的に発揮させることもまた可能となります。子育て中の方、子どもと関わる時間のある方、またこれから子育てをされる方々には、ぜひこのことを知っておいてほしいと思います。

キャラクトロジーで「心の傷を癒せる」ようになると、人生は劇的に変わる

人間の本質とは、情け深く思いやりがあって、感受性が強く、愛にあふれ、寛大で協調性があり、共感能力に優れ、創造的でエネルギーや喜びにあふれているのです。でも、トラウマやイメージ、ジャッジメント、生まれてから作られたいろいろな傷が、本来の自分を押し殺します。

ハイヤーセルフを選ぶというのは、自分の本質を取り戻そうとする内なる働きです。

自分自身の内側の強さと輝きを知っていれば、無力な子どものころそのままに自分の外側にいる誰かに助けてもらったり救ってもらったりする必要はなくなります。

いつ来るかわからない救世主を待って、あるいは外側にいる神様がいつか自分を救ってくれることを信じて祈る必要はなく、ただ自分の内側の強さや愛の輝きに向かって下りて

いってください。

大切なのは、違和感を感じることと、違和感を感じたときに、それをなかったことにしたり、イメージで展開させていったり、ジャッジメントで攻撃したりという感情的反応を止めること、そして感情的反応を超える方法を身につけることです。

これら自分の内側に戻っていくあらゆる試みの中に、ハイヤーセルフは存在します。


ハイヤーセルフとは、**自分の本質の内側に向かう動きそのもの**です。

そして、目的のために自分の感情をありのままに感じさせる寛大さもハイヤーセルフの働きであり、自分の内側に降りていく勇気、そしてトラウマを無条件の愛でどのように受け止めるのかという愛の創造性もまた、ハイヤーセルフの特質の一つです。

そして、ハイヤーセルフを獲得するとは、成長し大人になったいま、健全な大人の意識を子どものトラウマの場所にもたらし、子どものときにはできなかったこと、つまりその瞬間の自分を真にありのままに受容するということとイコールです。

そのときにはどうすることもできなかったこと——ありのままに感じることも、助けを求めることも、それを受け入れることもできず、自分のエッセンスをそのままにすることもできなかったことを受け入れ、「自分で自分を癒せる」と思えることです。

その強さと勇気と叡智を愛とともに獲得することが、ハイヤーセルフを獲得することです。強さも勇気も叡智も、健全に使うには愛が必要です。そして愛には忍耐が必要です。

私たちにとって、ロウアーセルフ、感情的反応に落ちるのはとてもたやすく、何もしなければオートマティックにそちらに向かって進みます。ハイヤーセルフを選ぶにはつねに「どうすればハイヤーセルフを選ぶということになるのか」を考えなければいけませんし、やったことのないほうに自分を持っていこうとする毎瞬毎瞬の努力が必要です。

そのために私たちは、「いま、ここ」で毎瞬毎瞬に意識的にならなければいけないのです。これはとても大変な作業です。「わかった。じゃあそうしよう」と言ってできるというものではありません。それでも、このとてつもなく大変なことを、瞬間ごとに自分のために選択することが自分を愛するということであり、幸せを創造する試みです。

あなたの不幸はあなたの責任、あなたの幸せもあなたの責任で作られます。これが本当に体で分かるようになってきたころには、あなたの人生はかなり生きやすくなっているでしょう。

ロウアーセルフに囚われずにハイヤーセルフを選ぶには

ロウアーセルフとハイヤーセルフについて、それがどんなものか、私の体験から説明しましょう。

あるとき、東京で夫婦一緒にパーティに出席しました。その日は東京で一泊し、翌日自宅に戻ったのですが、私は仕事の予定が詰まっており、パートナーが家事をこなしてくれていました。洗濯しようと置きっ放しにしていたトランクを開けた彼から「使っていない下着以外は洗っていいか」と訊かれ、私はパソコンの画面を見つめたまま生返事で「うんうん」と答えました。

その夜、ベッドに入る前に私が見たものは、洗濯機で洗われ、縮んでシワシワになったアルパカ入りウールのMAX MARAの10万円以上したワンピースでした。それを目撃した瞬間のショックと言ったら……言葉にできないほどです。(女性のみなさんは分かってくださるかもしれないですね)。

気づけば、目にした瞬間は目をそらし、その後二度見三度見している自分がいました。あまりのショックに、現実を受け入れることができなかったのです。

次に私は「10万円以上したのに……」と考え始めました。そして、あまりの取り返しのつかなさに力を失くし、ワンピースが干されていたドライエリアに崩れ落ちたのです。床に崩れ落ちたまま、私は取り返しのつかないことをくよくよと考え始めました。やがて「これは感情的反応だわ」と気を取り直しはしたものの、次に、ものすごいジャッジメントの声が現れました。

「普通は洗濯タグを見てから洗うものでしょう?」「この高級感が触ってわからないわけ?」「常識的に考えて、ウールの洋服を洗濯機で洗うのはおかしい」など、ジャッジメントが頭の中を駆け巡ります。けれども「これはジャッジメントだわ」と気づいた私は、眠ろうとしているパートナーのところに行き、「このワンピース、10万円以上したの。なぜ洗濯機で洗ってしまったの?」と聞いたのです。

彼もまた大きなショックを受け、見る見るうちに体を二つ折りにして落ち込んでしまいました。

ひどく落ち込んだ彼を見ていたら私の中に苛立《いらだ》ちが出てきて、「お前の高いジャケットも洗濯機で洗ってやろうか。どんな気分がするか想像してみろ！」と仕返しを考え始めました。けれど「でも、その高いジャケットを買ってあげたのは私だ」と考え直し（笑）、すると、落ち込んだ彼をお世話しようとする自分が出てきました。

彼は忙しい私に代わって好意で洗濯をしてくれたわけですから。そんな彼がショックを受け、落ち込んでいるのです。優しくしたいと思うのも人情です。ですからそのとき、「彼をお世話したい」私と「ショックで固まってしまった私」がいて、その結果、身動きが取れなくなってしまいました。

このエピソードの中に出てきた私の側面の全部がロウアーセルフです。「10万円のワンピースが……」と崩れ落ちた私。「ウールの洋服を洗濯機で洗うのはおかしい」とジャッジメントでいっぱいになった私。仕返しをしようとした私。彼のお世話をしようとした私……これらはすべて、**典型的なロウアーセルフのパターン**なのです。

ロウアーセルフはつねに、「自分対他者」の構図をとるため、選択のすべてが分離の方向へと向かいます。いまお話ししたどのパターンを選んでも、結果的には**相手か自分が傷つくだけ**です。つまり、他者との関係性において、好ましくない傷や痛みを創造する結果しか生みません。

本来の自分自身の美徳である愛や優しさ、思いやり、献身や思慮深さといったものから遠く離れた言動や行動に移ろうとするのがロウアーセルフです。ロウアーセルフを選び続ける限り、愛や喜び、幸せといった誰もが望む状態にたどり着くことはできません。ロウアーセルフは、自分の幸せや愛、人生、そして他者の人生さえも破壊するのです。

ハイヤーセルフを選ぶために

そういうとき、私たちはどうハイヤーセルフを選んでいけばよいのでしょう?

洗濯機で洗われしわしわになったMAX MARAのワンピースを見て、床に崩れ落ち、パートナーに事実を伝えた後に私がやったのは、自分自身にグラウンディングするということです。自分の体に意識を向け、「彼は私のためによかれと思ってしてくれた」という綺麗事のマスクから自分を引き離しました。

いまこの瞬間、自分の肉体の中で何が起こっていて何が必要なのかということに焦点を合わせ、まずは彼との関係性の中にいるのではなく自分ひとりのスペースを確保することが必要だと感じ、そうしたのです。私はベッドの上で二つ折りになって落ち込んでいる彼をそのままに部屋から出て、自分の体がどうしたいのか、その体のしたいようにさせてあげました。するとやはり、私の体は床に崩れ落ちたのです。

床に崩れ落ち、座り込んだ私のもとに、飼い犬のももちゃんが心配してやってきました。心のサポートとして私はももちゃんを抱きしめました。自分以外の存在と共にいて、自分以外の存在のぬくもりを感じながら自分の体を感じるということをしたのです。

すると、ちょうど肺の裏側のあたりの背中に痛みを感じ、その痛みの中に嘆きがあるのを感じました。私の喉から嘆きの声が上がってきました。私は、どうしてこんなふうに泣くんだろうと自分に好奇心をもちながら、（ワンピースを洗われたくらいでこんなに嘆くのはおかしいと自分に対する冷静な突っ込みの声もまたそこにはありましたが）嘆きの声を上げることを自分に許したのです。息を大きく吸い込み、吐く息と共に深く慟哭し嘆きの声を上げることを続けると、また背中がすごく痛くなってきました。

ここまでの感情的反応が起こるということは、この下に子どものときのトラウマのブロックポイントがあるに違いないので、何かこれにまつわる、似たような子どものころの体験はあっただろうかと次に私は好奇心を持って自分の中に潜ってみました。

そして思い出したのが、小学校に入ったころお気に入りだったピンクのくまちゃんのぬいぐるみです。あまりにも好きすぎてピンクがグレーになり、お気に入りのツルツルだった鼻ももげてみすぼらしい姿になったくまちゃんが、洗われてしわしわになって干されている姿。それを思い出しました。

その洗われたくまちゃんを見たときに私はすごくショックを受けたのですね。

くまちゃんは、そのあと捨てられてしまったのです。

この小学校一年生のときの嘆き、これを十分に感じていなかったということに気づき、私はしばらくの間、その嘆きの感覚を感じていました。


今回のできごとを誘発した子どものころのできごとに気がつき、そのときに感じられなかった嘆きと絶望を感じ切ったあと、繰り返し崩れ落ち泣き崩れてしまいたいという感覚は消え去りました。

次に私が思ったのは、自分のためにこれを安全に表現する必要があるな、ということです。

けれどもいますぐにパートナーに話す気にはなれませんでした。彼もまた、感情的反応の最中にあったからです。

寝室をそっと覗くと彼の二つ折りになった体はうつ伏せになり、死んだように眠っていたので、私はユーモアを持った文章でフェイスブックに投稿してみました。

『MAX MARAの10万円は超えたアルパカ入りワンピースが、洗濯機で洗って干されているのを、目撃したときのショックから立ち直れない』。それを見た人からいいね！や好意的なコメントがたくさん寄せられ、「ああ、私の体験から創造したもの、ハイヤーセルフを選んで創造したものをこんなふうにみんなが受け止めてくれるのだな」と、心底ほっとして、心がゆるんでいきました。

このできごとにおいて、私は、怒りや悲しみ、破壊という現実を創造することを選びませんでした。ユーモアを選び、できごとの中で起こったことをあとでパートナーとシェアし、愛を選ぶという選択をしたことで、パートナーからこれまで以上の尊敬とさらなる愛情を受け取ることができたのです。

ここまでお読みくださり、ありがとうございました。
本書を読み終えたいま、キャラクトロジーを実際の生活に活かし人生を劇的に変えたい！　変えるぞ！　と思ってくださっている方にとって

- 今日から使える
- **最強の**

プレゼントをご用意しております！

特典①

門外不出「キャラクトロジー別・お金の貯まらない理由・恋愛がうまくいかない理由」ポイント解説&アドバイスシート（PDF）
この本をご購入くださったあなたのためだけの書き下ろしです。

特典②

秘蔵動画「見た目でわかる！　キャラクトロジー®心理学」
各キャラクトロジーを体現する5人の方が出演。
本書を読んでからご覧いただくと映像でもキャラクトロジーをグッと深く理解していただけます。

以下のURLかQRコードからダウンロードいただけます。

URL　https://characterogy.com/essence

QRコード

山 本 美 穂 子（やまもと　みほこ）
一般社団法人HITキャラクトロジー®心理学協会代表理事。アメリカにて元NASAの宇宙線研究者であるバーバラ・ブレナン女史のもとでヒーリング科学と代替療法を学び、東京を中心に心理カウンセラー、エナジェスティックヒーラーとして活躍。2万回以上の個人セラピーと500回以上の登壇実績から、人格構造分析学を独自に日本人向けに特化したキャラクトロジー心理学を確立。また、統合医療の先駆けである名古屋の希望クリニックでガン・鬱・PTSD（トラウマ）を専門に扱うセラピストとして医療とヒーリングのコラボレーションを日本ではじめて実現。2015年に「日本を癒したい」という内なる願いとともにHITキャラクトロジー®心理学協会を設立。各種心理学講座や感情を取り扱うメソッド、メンタルの誤解を紐解いていくセルフアウェアネススキル（SAS）や意図のレベルを癒し自分軸を取り戻すセルフトランスフォーメーションスキル（STS）など、次々と心を癒すメソッドを開発しているヒーリングクリエイター。主宰するヒーラークラスの多くの卒業生がカウンセラーとして研修を積み、医療とヒーリングのコラボレーションを実践している。

あなたの人生《じんせい》を劇的《げきてき》に変《か》える
キャラクトロジー心理学入門《しんりがくにゅうもん》

2018年５月20日　初版発行

著　者　山本美穂子
発行者　吉田啓二

発行所　株式会社日本実業出版社　東京都新宿区市谷本村町3-29　〒162-0845
大阪市北区西天満６－８－１　〒530-0047
編集部　☎03-3268-5651
営業部　☎03-3268-5161　振　替　00170-1-25349
http://www.njg.co.jp/

印 刷／壮 光 舎　　製 本／若林製本

この本の内容についてのお問合せは、書面かFAX（03－3268－0832）にてお願い致します。
落丁・乱丁本は、送料小社負担にて、お取り替え致します。

ISBN 978-4-534-05589-7　Printed in JAPAN